OS LIMITES DO AMOR

Quando você ama alguém que tem problemas com álcool e drogas

Neliana Buzi Figlie | Neide A. Zanelatto

COLABORADORES:
Daniel Cordeiro
Janaina Turisco
Roberta Payá

OS LIMITES DO AMOR

Quando você ama alguém que tem problemas com álcool e drogas

Artesã

Os limites do amor: quando você ama alguém
que tem problemas com álcool e drogas

DIRETOR
Alcebino Santana

COORDENAÇÃO EDITORIAL
Michelle Guimarães El Aouar

REVISÃO
Giovanna Marques Hailer Felipe

CAPA
Letícia Ribeiro Ianhez

PROJETO GRÁFICO E DIAGRAMAÇÃO
Conrado Esteves

L734 Os limites do amor : quando você ama alguém que tem problemas com álcool e drogas / organizadoras: Neliana Buzi Figlie , Neide A. Zanelatto. – Belo Horizonte : Artesã, 2023.

184 p. ; 21 cm.

ISBN: 978-85-7074-096-0

1. Psicologia. 2. Droga (Uso). 3. Família. 4. Orientação. I. Figlie, Neliana Buzi. II. Zanelatto, Neide A. (Neide Aparecida), 1957-.

CDU 159.9

Catalogação: Aline M. Sima CRB-6/2645

IMPRESSO NO BRASIL
Printed in Brazil

(31)2511-2040 (31)99403-2227
www.artesaeditora.com.br
Rua Rio Pomba 455, Carlos Prates - Cep: 30720-290 | Belo Horizonte - MG
/artesaeditora

Dedicatória

Às famílias,

Este livro surgiu em um momento difícil da minha vida familiar, e a Neide, com muita gentileza e tato, convidou-me a escrever um livro sobre famílias.

Mal eu poderia imaginar, depois de ter me empenhado em escrever, que eu, com muita gentileza e tato, teria que retribuir o convite a Neide, uma vez que ela também passou por um momento muito difícil de sua vida familiar. E assim, ajudamo-nos mutuamente.

Família é isso: uma fonte inesgotável de amor e dor, que nos faz crescer e amadurecer diariamente.

Agradecimentos

Inicialmente, ao pensarmos em uma página de agradecimento, qualquer espaço disponível parece pequeno, visto que temos tantas pessoas para agradecer, levando-se em conta que a escrita de um livro nem sempre é uma tarefa fácil.

Primeiramente, gostaríamos de agradecer a toda a equipe UPPSI – Unidade de Aperfeiçoamento em Psicologia e Psiquiatria – que nos validou e incentivou na escrita deste livro, representada aqui pelas pessoas dos colaboradores desta obra: Daniel Cruz Cordeiro, Roberta Payá e Janaína Turisco, que se comprometeram desde o início, oferecendo conhecimento, experiência e tempo para que o livro se concretizasse como obra. Nosso especial agradecimento a Alessandra Diehl que, habilmente, justificou em sua participação, a inserção deste conteúdo para a população a quem se destina. E a todos os profissionais que se dedicam ao tratamento dos Transtornos por Uso de Substâncias, os quais, em algum momento, agregaram conhecimento ao nosso, colaboraram com pequenas discussões a respeito da importância de acolher as famílias com dignidade e amor, pois estão vivendo um momento de muita dúvida e até de desesperança.

Nem sempre é fácil falar de nossas próprias vivências, ainda mais quando estas particularidades serão publicadas numa obra com acesso a muitas outras pessoas, assim, nosso agradecimento especial àquelas pessoas que tiveram em sua família pessoas com transtornos por uso de substâncias e partilharam conosco as suas experiências pessoais. Aos nossos colaboradores, que contaram nesta obra as suas experiências pessoais: agradecemos a coragem e a generosidade de cada um, pois contribuíram com seus depoimentos para que outras famílias aprendam a lidar com este problema tão complexo.

Nosso agradecimento especial à Editora Artesã, especialmente ao João Monteiro e a Michelle Guimarães, que nos acompanharam de perto durante todo o processo, orientando-nos, tirando nossas dúvidas e aceitando nossas sugestões.

Às nossas famílias, que nos acolheram durante os momentos em que nossa atenção foi direcionada para o trabalho, exigindo deles compreensão com nossos objetivos e metas. Em nenhum momento, esse trabalho comprometeu nosso amor para com eles.

Aos nossos pacientes, que nos ensinam todos os dias, com quem aprendemos, na prática, em todos os momentos, e com quem desenvolvemos empatia e compaixão, duas dimensões do amor, que favorecem o cuidado e o interesse genuíno pela recuperação de cada um deles.

Finalmente, nosso agradecimento às famílias dos nossos pacientes, a quem se destina esta obra, com as quais também aprendemos; àquelas para quem nossa atenção e nosso cuidado têm dado alguma esperança e a visão de que há a possibilidade de um caminho iluminado ao final da jornada!

Meu agradecimento especial à profissional e especialmente amiga Neliana B. Figlie, pois sem a sua parceria, este livro jamais chegaria às mãos daqueles a quem se destina. Neli, gratidão eterna a você!

Sumário

Prefácio

Aproximadamente 284 milhões de pessoas entre 15 e 64 anos usam drogas no mundo, sendo que, muito provavelmente, o número de membros da família afetado pelo consumo de substâncias de um ente querido é exponencialmente muito maior que esta taxa, uma vez que os efeitos dos transtornos por uso de substâncias são sentidos por toda a família.

Devido à alta pressão que suportam, acredita-se que os familiares de usuários de substâncias sofram consequências negativas tanto em sua saúde física quanto mental, estando sujeitos a um aumento de estresse e submetidos a uma carga emocional muito grande. Há evidências também de que os familiares de usuários de substâncias estão sob maior risco de sofrerem agressão, redução da qualidade de vida, menor adaptação social, assim como, são grandes usuários dos sistemas de saúde e têm altos gastos com a sua saúde. Além disso, o estigma, a autoculpabilização e o isolamento social são muito comuns entre os membros de uma família que têm um ente querido que consome álcool e outras drogas.

Dentro deste contexto, o amor, este sentimento tipicamente humano experimentado por familiares que amam alguém que tem problemas com álcool e drogas, torna-se paradoxalmente sem limites claros e definidos. O amor humano é a base para uma relação de cuidado, pois vai além dos limites das diferenças culturais. A integridade é vital para o respeito cultural e, especialmente, para a consideração das necessidades de cada um dentro do relacionamento de cuidado em família. Uma presença afirmativa é essencial para a independência de cada um de seus membros. A coragem é fundamental para a comunicação, e a informação contínua é vital para (re)estabelecer a confiança na relação de cuidado. Este mesmo sentimento que é sinônimo de saúde mental, paradoxalmente quando "em excesso" ou vivenciado por meio de um apego ambivalente, pode contribuir para o adoecimento psíquico dos membros de uma família.

Por outro lado, sabemos também que o sistema familiar tem muita potência e informações importantes de como a dependência química se desenvolve e se mantém, de tal modo que este sistema familiar pode influenciar positiva ou negativamente o desfecho final, uma vez que o apoio dos familiares tem impactos importantes e duradouros na recuperação dos indivíduos com transtornos por uso de substâncias.

Portanto, os familiares de usuários de substâncias representam uma população com maior risco de resultados negativos relacionados à saúde e devem ser sistematicamente considerados alvos de acolhimento, atenção, compreensão e tratamento. Informação é poder! Por isso, eles podem amplamente ser informados e cooperarem para promover a entrada de seus entes queridos no tratamento e no engajamento dos mesmos, assim como, participar de intervenções que respondam às suas necessidades pessoais como membros de uma família que se encontra impactada pelo consumo de substâncias. Os métodos de várias modalidades de terapia familiar foram desenvolvidos para motivar os usuários de drogas, desintoxicá-los e, sobretudo, para trabalhar com a família, quando o paciente identificado não está envolvido no tratamento, e para (re)estruturar toda a família.

Esta obra, "Os limites do amor. Quando você ama alguém que tem problemas com álcool e drogas", é um convite para que haja espaço para as famílias se reunirem e interagirem mais; para que as famílias possam trabalhar para a melhora da sua segurança pessoal e a da comunidade; para melhorar a supervisão dos jovens; para aumentar as práticas de autocompaixão, da empatia, da esperança e, finalmente, para ser um disparador, entre outras coisas, da melhora da comunicação entre os membros da família e das competências parentais dos pais, necessárias para a produção de algumas mudanças iniciais nos sistemas familiares. Trata-se também de um convite para que, ao ler e ouvir histórias de outros familiares, possam, por meio deste instrumento, espelhar-se no compartilhamento do crescimento e do progresso de outras pessoas que amam alguém que sofre de problemas com álcool e outras drogas.

Profissionais com longa experiência clínica na área se dedicaram a escrever capítulos de forma acessível, com conteúdos selecionados e especialmente direcionados a você, um familiar que convive com alguém que desenvolveu problemas com álcool e outras drogas, propiciando a aquisição de um conhecimento valioso, o qual certamente fará a diferença nesta jornada.

Desejo que essa leitura venha esperançar você a saber que não precisa mais atravessar esta caminhada de forma solitária. Assim, como Paulo Freire nos ensinou, "esperançar é se levantar, esperançar é ir atrás, esperançar é construir, esperançar é não desistir!" Boa leitura!

Alessandra Diehl

Psiquiatra, Mestre e Doutora pela UNIFESP. Pós-doutora pela USP de Ribeirão Preto. Especialista em dependência química e sexualidade humana. Atual presidente da ABEAD.

CAPÍTULO 1

Transtorno por uso de substâncias é uma escolha?

Daniel Cruz Cordeiro[1]

As pessoas escolhem adoecer ao consumir substâncias psicoativas?

Você já se apaixonou por alguém, teve uma relação romântica, dessas de novela com muita paixão, alegrias, momentos de felicidade e somente tempos depois se deu conta de que este relacionamento não lhe fazia bem? Então, certamente você sabe como é difícil sair deste tipo de situação. Por vários motivos, quando estamos envolvidos emocionalmente, criamos desculpas: porque no começo era muito bom; porque pode ser só uma fase; porque, talvez, essa pessoa não lhe faça sofrer de propósito; talvez você tenha alguma responsabilidade pelas coisas não estarem indo bem; ou porque ainda existe a esperança de que tudo possa mudar e que vocês tenham um futuro melhor e voltem a ser felizes (e quem sabe agora para sempre). Os relacionamentos abusivos são baseados no desejo de controle de um dos parceiros. Controlar como o outro se veste, o que faz, com quem se relaciona. Apesar da violência não ser o principal elemento

[1] Médico. Psiquiatra. Especialista em Dependência Química. Terapeuta Sexual. Mestre em Psiquiatria pela Universidade de Londres (Kings College).

dos relacionamentos abusivos, ela pode estar presente de várias formas: verbalmente, fisicamente, emocionalmente, psicologicamente, sexualmente, financeiramente e até mesmo tecnologicamente. Neste caso, a violência é uma estratégia de tentar manter o controle sobre o outro.

Após este primeiro parágrafo, você deve estar se perguntando: "Mas espera aí, este é um livro sobre relacionamento abusivo ou sobre dependência química?" Na verdade, a relação entre um dependente químico e a droga que ele usa (e aí incluo também as substâncias lícitas como o álcool e o tabaco) é muito semelhante às relações abusivas. Eu vou explicar. Numa grande maioria das vezes, as primeiras experiências com substâncias psicoativas está envolta em situações felizes e prazerosas. Experimentações com amigos, em festas ou em momentos de muita alegria. Neste início, não há problemas, só o encantamento daquela situação. Mas você pode colocar: "Mas quem usa droga já sabe que está entrando num barco furado, no namoro não". Ah!!! Isso também pode acontecer em algumas paixões. Sabe aquelas proibidas? Tipo Romeu e Julieta? Todo mundo está contra, mas a vontade é maior? Então, pense que talvez esse momento inicial seja parecido com o de uma paixão proibida. Algo como: "Eu sei que não deveria me meter com essa pessoa, mas está tão bom, vamos só "ficar", sem compromisso". Com a droga é semelhante! A pessoa usa algumas vezes, tem algumas sensações que podem ser prazerosas. Tudo sem compromisso: "Só uso quando eu quero" (algo como "a gente não está namorando, está só ficando"). Para algumas pessoas vai ser sempre assim mesmo. Vai usar uma vez aqui, outra ali e depois nunca mais. Outras pessoas se apaixonam com mais intensidade. Vão querer usar mais vezes e, quando o "namoro" começa a ficar sério, dá aquela vontade de "ver" todos os dias. Bate uma saudade grande quando não encontra. A pessoa começa a perceber que se sente bem ao lado da droga, quando a utiliza. Parece que as coisas fazem mais sentido. Dependendo do tipo de droga será o tipo de sensação: relaxamento, excitação, entorpecimento, alucinações ou delírios, sensações que podem ser físicas e outras que podem ser muito mais psíquicas. É uma grande lua de mel. Tudo se encaixa direitinho e a vontade de estar junto parece que vai durar para sempre.

> Como é difícil abrir mão de uma sensação prazerosa e como é complicado estar apaixonado (ou intoxicado) e perceber que aquilo também traz sofrimentos e prejuízos.

Com a instalação da dependência, vamos percebendo que esse convívio não é tão saudável assim. Enfatizo que nem todos se tornarão dependentes de substâncias, mas aqueles com maior predisposição serão as pessoas que perceberão de forma mais impactante os prejuízos dessa relação. Pense na droga como uma pessoa possessiva, que gosta de controlar quem ela namora. Ela é egoísta, quer a pessoa do lado dela o tempo todo, quer tudo ao mesmo tempo. Com a convivência frequente, o indivíduo vai abrindo mão de coisas que antes eram importantes para ele no seu dia a dia. Já que se trata de uma paixão proibida, o indivíduo: esconde dos familiares, mente se questionado sobre a droga, diminui os encontros com os amigos (com aqueles que são contra esse "namoro"), acaba preferindo sair com pessoas que aceitam melhor o seu "relacionamento", deixa de fazer algumas coisas que antes eram prazerosas para, em troca, permanecer com a droga. É neste momento que a relação com as drogas vai tomando contornos dignos de um relacionamento abusivo. Origina-se de um ambiente de tensão em que o indivíduo vai perdendo a sua identidade para manter o consumo da substância.

A segunda fase dessa relação abusiva ocorre quando a tentativa de se distanciar da droga gera mal-estar. É a fase da "briga" na relação. O usuário, talvez, por perceber que familiares ou amigos o estão criticando ou por se dar conta de que realmente esta relação tem gerado mudanças intensas, tenta algum tipo de distanciamento. A falta da droga (e de tudo aquilo que envolvia o seu consumo) gera, então, uma série de desconfortos, os quais podem ser:

- Físicos (por exemplo, a síndrome de abstinência, que vai depender do tipo de droga que a pessoa usa: tremores, insônia, mal-estar, dores físicas, sensação de fraqueza, náuseas, irritabilidade ou tantas outras).
- Psicológicos (o próprio desejo intenso de utilizar a droga, que seria uma espécie de saudade, a qual chamamos de fissura) e tantos outros sentimentos, como a falta de estar ao lado das pessoas que o faziam companhia no uso das drogas, do local de uso ou de todos os outros elementos envolvidos neste consumo.

Pausa para fazer uma pergunta: O que você faz quando está muito apaixonado e percebe que a outra pessoa simplesmente está com você por interesse? Que não lhe respeita? Que não liga para as suas necessidades? Provavelmente, você responderá: "Eu termino esse namoro", mas, no caso explicitado, é provável que aqueles simples e casuais encontros tenham se transformado em namoro sério e que agora já seja um casamento. Quem já passou por um processo de divórcio sabe que a coisa não é tão fácil assim. Há muitas coisas envolvidas: "Tínhamos planos juntos"; "Morávamos sob o mesmo teto"; e uma resposta que é muito comum: "Sinto muita falta porque me acostumei mesmo com todos os defeitos dessa pessoa". Esse é o "divórcio" que o dependente químico tem que encarar. Não é simples e nem é suave. Exatamente, por isso, existem recaídas, assim como existem recaídas nos namoros. Quem nunca ouviu algo do tipo: "Eu fui lá para terminar o namoro, mas a gente começou a conversar, rolou um clima e quando a gente se deu conta já estávamos juntos de novo. Apesar de tudo que já deu errado, parece que rola uma química entre a gente, então, decidimos um recomeço."

Como abrir mão de algo que já foi bom?

Qual é a medida que podemos usar para tomar a decisão de que já não dá mais para manter uma relação que mais adoece do que gera bem-estar?

Esta é a terceira fase dos relacionamentos abusivos. Depois das brigas, uma nova lua de mel. Quando novas promessas de mudança surgem após um período em que ficaram brigados ou distantes. A saudade bate e as coisas ruins que aconteceram parecem que foram superadas.

As drogas sempre serão "pessoas abusadoras". Elas não conseguem manter a promessa da felicidade por muito tempo.

O indivíduo vai novamente renunciando a si para manter-se mais tempo junto à droga. O tempo para obter, consumir ou se recuperar do uso rouba muito das suas 24 horas e todo o processo se reinicia. Portanto, a experimentação de substâncias pode até ser um ato de escolha, usar com uma certa frequência também, mas adoecer por causa disso não parece ser uma escolha. Ninguém escolhe ficar doente, assim como não escolhemos por quem nos apaixonamos. E, sim, TUS é uma doença, um transtorno mental que tem características próprias e, portanto, como qualquer outra doença necessita de tratamento específico.

> Transtorno por uso de substâncias pode não ser considerado doença logo nas primeiras experimentações, mas desde o primeiro momento é capaz de trazer consequências danosas para o usuário. Por exemplo: intoxicações fatais com o uso de ecstasy podem ocorrer logo no primeiro uso.

Qualquer doença física ou mental tem critérios diagnósticos que estão incluídos em manuais. Esses critérios são importantes para que os profissionais da saúde, em qualquer parte do planeta, possam realizar a devida identificação de um quadro patológico. Catapora tem as mesmas características no Brasil ou no Japão. Um infarto também. O mesmo ocorre para as doenças mentais. Os mais famosos manuais diagnósticos são o da Classificação Internacional das Doenças (CID, hoje estamos na 11ª versão) e o Manual Diagnóstico e Estatístico de

Transtornos Mentais (DSM, hoje na 5ª versão). Com o avanço da ciência e dos conhecimentos, de tempos em tempos, esses manuais precisam passar por mudanças para se atualizarem.

A nova edição do DSM alterou os termos "uso de substâncias" e "dependência de substâncias" por transtorno por uso de substâncias (TUS). Entre outras coisas, essa mudança dá a devida atenção a pessoas que, não sendo dependentes, podem ter graves prejuízos mesmo com o uso esporádico de algum tipo de substância. Antes, pessoas que recebiam o diagnóstico de dependentes químicas poderiam ser consideradas mais graves que aquelas que usavam substâncias de forma mais esporádica. Hoje, entende-se que mesmo o uso menos frequente de algum tipo de droga pode gerar prejuízos muito importantes. Por exemplo: uma pessoa dependente de álcool sofrerá constantemente com este consumo. Serão prejuízos no trabalho (como faltas ou redução de produtividade), no ambiente familiar (brigas, isolamento social), na saúde física e mental (cirrose, depressão), entre tantos outros malefícios. Uma outra pessoa que apenas esporadicamente ingere bebidas alcoólicas poderá, até pelo fato de beber eventualmente, acreditar que tem condições de dirigir alcoolizado e num determinado dia bater o carro, provocando o falecimento de alguém. Ambos, de formas diferentes, são graves e, portanto, o termo TUS tem o intuito de dar a atenção devida a qualquer pessoa que esteja utilizando substâncias psicoativas.

Para o diagnóstico de TUS, segundo o DSM-V, é necessário que, durante 12 meses, a pessoa apresente pelo menos dois dos critérios apresentados a seguir:

A. Um padrão problemático de uso de [uma determinada substância], levando a um comprometimento ou sofrimento clinicamente significativos, manifestado por pelo menos dois dos seguintes critérios, ocorrendo durante um período de 12 meses:

1. A substância é frequentemente consumida em maiores quantidades ou por um período mais longo do que o pretendido.
2. Existe um desejo persistente ou esforços malsucedidos no sentido de reduzir ou controlar o uso de álcool.
3. Muito tempo é gasto em atividades necessárias para a obtenção da substância, na utilização da substância ou na recuperação dos seus efeitos.
4. Fissura ou forte desejo ou necessidade de usar a substância.
5. Uso recorrente da substância, resultando no fracasso de desempenhar papéis importantes no trabalho, na escola ou em casa.
6. Uso continuado da substância, apesar de problemas sociais ou interpessoais persistentes ou recorrentes causados ou exacerbados por seus efeitos.
7. Importantes atividades sociais, profissionais ou recreacionais são abandonadas ou reduzidas em função do uso de substância.
8. Uso recorrente da substância em situações nas quais isso representa um perigo à integridade física.
9. O uso de substância é mantido apesar da consciência de ter um problema físico ou psicológico persistente ou recorrente, que tende a ser causado ou exacerbado pela substância.
10. Tolerância, definida por qualquer um dos seguintes aspectos: a. Necessidade de quantidades progressivamente maiores de álcool para alcançar intoxicação ou o efeito desejado; b. Efeito acentuadamente menor com o uso continuado da mesma quantidade de substância.

11. Abstinência, manifestada por qualquer dos seguintes aspectos: a. Síndrome de abstinência característica da substância (consultar os critérios para síndrome de abstinência específicos para cada droga, entre as páginas 490-580, do DSM-5); b. A substância (ou uma outra substância estritamente relacionada) é consumida para aliviar ou evitar os sintomas de abstinência.

É importante lembrar que os critérios apresentados se referem ao surgimento e à instalação da dependência a uma ou mais substâncias. Nos dias de hoje, o conceito de TUS é exatamente para que fiquemos atentos aos prejuízos relacionados tanto a quem usa diariamente como a quem usa esporadicamente. A frequência pode ser diferente, porém, para cada indivíduo os riscos são pessoais e não se referem apenas à quantidade ou frequência. Por exemplo: um indivíduo que tem um aneurisma não precisa de grandes quantidades de cocaína para ter um mal súbito e falecer.

Modelos Explicativos para o surgimento do TUS

> O que explica o TUS? A genética? A criação? A falta de fé? Uma personalidade "dependente"?

Os transtornos por uso de substâncias englobam uma série de problemas devido ao consumo de substâncias psicoativas. Normalmente, pensa-se que apenas quem é dependente químico teria esse tipo de problema, mas é importante lembrar que muitas pessoas que fazem uso apenas de vez em quando de álcool e de outras drogas podem se colocar em situações de risco tão severas quanto qualquer pessoa dependente.

Diversas teorias foram criadas ao longo do tempo na tentativa de explicar o porquê de algumas pessoas evoluírem com esse tipo de problema e também uma forma de controlar esta situação. Os primeiros modelos foram criados a partir da observação de consumidores de bebidas alcoólicas e, apesar de estarem completamente em desuso, muitos dos seus conceitos estão impregnados na cultura popular e, por conta disso, ainda são conceitos ditos pela população desinformada. A seguir, veja os primeiros modelos:

- **Modelo Moral**: o consumo de substâncias seria uma violação às condutas sociais. Se o uso de substâncias é uma escolha consciente do indivíduo, ele deveria ser punido por tais atos.
- **Modelos da Temperança:** o beber excessivo era compreendido como um hábito que poderia ser

mudado. Neste modelo, acreditava-se que o dependente poderia aprender a voltar a beber sem a perda do controle.

- **Modelo da Degenerescência Neurológica**: em 1849, pela primeira vez foi dito que o alcoolismo era uma doença e com curso crônico. Por conta disso, a indicação do tratamento era internação de longa duração e uma série de procedimentos, que teriam como finalidade fortalecer as células nervosas adoecidas pelo consumo da bebida.

Estes 3 primeiros modelos geraram, e ainda geram no dia a dia, uma série de comportamentos e expectativas acerca do dependente químico. Ideias como:

- O dependente químico está doente porque procurou a doença (modelo moral).
- Já que é culpa dele, ele tem que sofrer para aprender (modelo moral).
- Muitos pacientes (mesmo sendo dependentes químicos) quando procuram tratamento têm expectativas que poderão reaprender a utilizar as drogas de forma ponderada (modelo da temperança).
- Familiares comumente acreditam que o tratamento se baseia numa internação de longa duração para desintoxicar (modelo da degenerescência neurológica) e, após isto, o paciente sairá curado por ter aprendido a ser uma pessoa moderada quanto ao uso de substâncias. Por exemplo: poderá beber novamente moderadamente (modelo da temperança).

Novos modelos passaram a surgir após estudos com outras substâncias, como o tabaco e os derivados do ópio, e após o alcoolismo ser incluído nos manuais diagnósticos de doenças, juntamente com todas as outras doenças, como diabetes ou hipertensão. A seguir, veja novos modelos que tentam explicar a dependência de substâncias a partir da década de 1960.

- **Modelo do Aconselhamento Confrontativo**: acreditava-se que o dependente químico era uma pessoa que havia recebido muito durante a vida e não sabia dividir na idade adulta. Tratava-se de um modelo que se baseava na moral e usava a terapia de "choque" baseada em vida comunitária e com intensa hierarquia entre os pacientes. Ele foi perdendo força quando outros modelos deram resultados mais satisfatórios.
- **Modelos Naturais**: pessoas com TUS teriam uma tendência inata a usar substâncias psicoativas, e o dependente seria uma pessoa fraca e incapacitada de ter controle sobre esse desejo. Este é um modelo que deixa de fora fatores importantes como características psicológicas, biológicas ou sociais.
- **Modelos Biológicos**: tenta explicar o TUS por meio de conceitos genéticos e neurobiológicos. Basicamente, haveria uma hereditariedade (como em tantas outras doenças) e que, ao longo do consumo de substâncias, regiões do cérebro iriam se modificando para se adaptar a ação das drogas. Esta adaptação produziria os sintomas presentes no TUS.
- **Modelos Psicológicos**: várias explicações surgiram a partir de diferentes enfoques teóricos. O modelo comportamental, por exemplo, acredita que a dependência é decorrente da presença de

estímulos de reforços positivos e negativos. Basicamente, o reforço é aquilo que se sente relacionado às substâncias durante o uso ou na ausência delas. Exemplo: reforço positivo pode ser a sensação de prazer ou de relaxamento quando há o usa a droga. A pessoa usa e deseja sentir aquilo de novo e, por conta disso, volta a usar. Já o reforço negativo está relacionado às sensações ruins sentidas na ausência da droga, por exemplo, os sintomas físicos e psicológicos que surgem na síndrome de abstinência. Como é muito desagradável sentir esta síndrome, o dependente utilizaria a droga para evitar o surgimento desses sintomas.

- **Modelos Sociais**: tentam explicar como o meio em que vivemos pode estar diretamente relacionado ao modo individual de consumo de substâncias. Muitas técnicas de tratamento que atuam com este referencial teórico mostram eficácia, como o treinamento de habilidades sociais e a prevenção de recaídas.
- **Modelos Espirituais**: vai além de se ter uma religião ou de praticá-la. No conceito de espiritualidade está envolvida a ligação de cada pessoa com os outros e mesmo com o universo. Modelos de 12 passos, como os Alcoólicos Anônimos ou Narcóticos Anônimos, utilizam este conceito. Por exemplo, o 2º passo dos Alcoólicos Anônimos é "Viemos a acreditar que um Poder superior a nós mesmos poderia devolver-nos à sanidade". A espiritualidade se encaixa exatamente na crença pessoal da existência de um poder superior que pode ser para uns Jesus, para outros Buda, para outros a existência de energias, entre outros.

- **Modelo de Saúde Pública e Modelo de Ecletismo Informado**: assemelham-se ao associarem os demais conceitos vistos anteriormente. Estes modelos acreditam que as questões biológicas, psicológicas e espirituais estariam se somando com a sociedade em que este indivíduo está inserido, e que esta somatória de fatores desenvolveria diferentes vulnerabilidades. Estes modelos propõem que, para cada pessoa, um tratamento individualizado seja concebido de acordo com as características que o torna mais ou menos vulnerável aos TUS.

> Existem muitos modelos que tentam decifrar porque algumas pessoas se tornaram dependentes de substâncias. Provavelmente, nenhum isoladamente poderia explicar com clareza esse fenômeno. Acredita-se que a soma de fatores aumente a chance do surgimento do TUS.

O desenvolvimento do TUS

Como em todos os transtornos mentais, o TUS não tem uma única causa. No geral, pesamos que o adoecimento é a soma de vários fatores e vulnerabilidades individuais e populacionais, tornando algumas pessoas mais propícias ao TUS que outras. De forma bem simples, o surgimento do TUS em um indivíduo se deve a características biológicas (genéticas e hereditárias), psicológicas, aos fatores ambientais (cultura, sociedade), ao aprendizado familiar, às políticas de saúde de determinada população, aos fatores de proteção a que cada pessoa possa estar submetida, incluindo aí os fatores espirituais/religiosos.

Essa diversidade de elementos torna o TUS um fenômeno muito individual. Podemos dizer que o diagnóstico é o mesmo para muitos, mas que cada portador de TUS terá características únicas. Estas características serão importantíssimas para entender a evolução da doença, assim como também serão importantes para o desenvolvimento de habilidades de enfrentamento deste transtorno.

Alguns exemplos de fatores que podem fazer a diferença no desenvolvimento do TUS:

- **Capacidade de metabolizar uma substância (exemplo de fator biológico)**: pessoas de origem asiática, por produzirem menos enzima que metaboliza o álcool, tendem a beber menos e a terem mais efeitos ruins ao ingerirem bebidas alcoólicas, o que pode induzir, em alguns casos, ao consumo mais comedido e, em outros, pode ser um fator de risco se houver insistência em beber, gerando a dependência da substância de forma mais grave e em menor período de tempo.
- **Regras familiares (exemplo de fator social)**: quanto mais cedo a experimentação de substâncias psicoativas, maior a chance de prejuízos futuros. Famílias com regras muito frouxas com relação ao consumo de álcool, por exemplo, experimentar álcool antes dos 18 anos (o que é proibido por lei), pode acarretar situações de maior risco para TUS.
- **Países com maior oferta de substâncias têm mais chance de produzir maior número de pessoas com TUS (exemplo de fator políticas públicas).**

Por exemplo, no Brasil, o preço da cachaça é tão baixo que é mais barato beber do que comer. Isto facilita o uso contínuo da bebida alcoólica. Países que aumentaram o valor do cigarro viram os números do tabagismo cair. Facilitar o consumo aumenta o risco para TUS.

É exatamente essa diversidade que torna o tratamento deste transtorno algo tão desafiador. Não existe um modelo único de tratamento. O desafio é conhecer os fatores de risco e proteção de cada pessoa, e assim, escolher alternativas que possam ser mais facilitadoras. Obviamente, quanto mais grave for o caso, menos flexibilidade teremos para investigar e buscar saídas alternativas. Muitas das vezes, a gravidade poderá levar à internação como forma de iniciar o tratamento, por meio de uma desintoxicação. A desintoxicação pode ser o início do tratamento (e nunca o seu fim).

> Podemos ter diretrizes para tratar o TUS, mas elas têm que ser escolhidas para atender a necessidades individuais. Cada paciente necessita de um plano terapêutico individual. Tentar cuidar das pessoas como se fossem iguais, usando os mesmos remédios, as mesmas técnicas terapêuticas, etc., pode aumentar a chance de fracasso deste tratamento.

Um dos questionamentos mais frequentes entre familiares e pacientes é: “Isso tem cura?”; “A bebida ou o consumo de outras drogas será um problema para sempre?”.

Difícil resposta! Porque ela implica que todos os pacientes tenham não apenas o mesmo diagnóstico, como também o mesmo tempo de evolução, as mesmas características de personalidade, as mesmas características genéticas..., ou seja, impossível responder logo nas primeiras consultas como será o futuro desta pessoa. O que sabemos é que a abstinência ajuda muito a se conhecer melhor, entender suas demandas e, principalmente, quais os agentes que podem estar por trás do surgimento do quadro.

Trabalhei anos em um Centro de Atenção em Álcool e Drogas (CAPS-AD) e lá acontecia um grupo chamado boas-vindas. Nele, basicamente explicávamos o funcionamento do serviço, direitos e deveres dos pacientes e, em seguida, qual era o nosso plano terapêutico. Em determinado momento, perguntávamos quem ali naquela reunião já tinha conseguido ficar sem usar sua droga de preferência por um dia, uma semana, um mês. Todos na sala levantavam a mão dizendo que sim. Todos concordavam que parar de usar era fácil, o difícil mesmo era manter-se sem o consumo.

Lembro especialmente de um paciente que aqui vou chamar de Jorge. Jorge falou que não conseguia parar de beber. Morava só desde o falecimento da esposa há 3 anos e, desde então, aumentou o consumo de bebidas alcoólicas. Ele contou que beber ajudava a se sentir menos sozinho, que pior que beber era sentir solidão. Ele tinha se aposentado há 6 anos, e os filhos, já grandes, tinham saído de casa e moravam em outras cidades. Parentes ele não tinha nenhum na cidade de São Paulo.

Sempre faço o desenho de um *iceberg* (aquela montanha de gelo que fica no mar, que é muito mais extensa na porção submersa do que aquela parte que fica para fora da água). Conto que o consumo da substância e os problemas provenientes desse consumo, mesmo sendo enormes, são menores do que as questões que nem estamos vendo, aquelas submersas, às vezes, escondidas atrás do consumo compulsivo de uma droga.

Jorge disse que achava que no seu *iceberg*, a ponta era o consumo de bebida alcoólica, mas o que estava doendo mesmo era a solidão (a parte profunda, submersa). Então, entramos num projeto que eu e ele chamamos de "Xô solidão". Se essa era a grande motivadora do seu sofrimento, que o empurrava para a garrafa, então, sem ela, a bebida perderia o sentido de existir em sua vida. O plano então seria: ele iria parar de beber. Eu o auxiliaria com alguns medicamentos que não permitiriam que ele sentisse fissura pela bebida, que o ajudasse a dormir bem, além de vitaminas para comer melhor. Jorge começou a ser acompanhado por uma psicóloga para se entender melhor nesse processo, para pensar em alternativas nos momentos de solidão. Uma terapeuta ocupacional também fez intervenções, auxiliando-o a construir afazeres prazerosos que afastariam o desejo pela bebida (um dos maiores inimigos dos dependentes químicos é o empobrecimento do repertório ... ao longo do tempo, muitos renunciam aos prazeres e, quando tentam ficar sem as substâncias, descobrem que não sabem mais como ocupar prazerosamente seu tempo e acabam recaindo).

Jorge conseguiu ficar 30, 60, 90 dias sem beber. Ele iniciou um tratamento dentário. Começou a ficar mais vaidoso com o aumento dos autocuidados. Mais confiante, ele pediu para que eu o auxiliasse a encontrar uma namorada. Ele baixou um aplicativo de relacionamentos em seu celular. Conheceu algumas mulheres, chegou a sair com algumas. Aproximadamente 6 meses após ter parado de beber, ele recaiu. Ele ficou bem mal, nem tanto pelo porre, mas porque parecia que o esforço não estava dando resultado. A solidão continuava torturando o seu coração. Até que semanas após ter reiniciado um novo período de abstinência, ele chegou a uma conclusão.

— "A solidão que eu sinto não passa com a presença de uma pessoa qualquer. Eu percebi que não é de uma companheira que eu preciso. Minha necessidade por companhia só pode melhorar com a presença da minha esposa."

Aí a coisa complicou né? Como poderíamos dar isso a ele? Não tinha como, mas, então, a situação ficou nítida. Jorge sofria de luto patológico, um diagnóstico psiquiátrico. Todo luto é sofrido, mas do ponto de vista médico, ele tem um tempo máximo para a gente dizer que é "normal". Perder alguém querido é uma dor que cicatriza, mas nunca passa. A dele não estava cicatrizando. E com esse diagnóstico, pudemos redirecionar o seu tratamento.

Como ficou o *iceberg* então?

- Na ponta – o consumo diário e pesado de bebida alcoólica.
- Mais para baixo – a solidão.
- Mais em baixo ainda – o luto patológico.

Sem o período de abstinência e o acompanhamento, Jorge apenas acreditava que bebia por não ter o que fazer ou por não ter companhia. Foi necessário ele ficar abstinente para que percebesse que a falta da esposa (e não de qualquer companhia) era o real motivo do seu sofrimento.

Tratar TUS é isso. Entender quem é a pessoa, o que usa e como usa; buscar outras questões que podem estar por trás desse consumo (lembre-se de que as drogas, de um modo em geral, são substâncias "anestésicas", que aliviam dores físicas e/ou mentais-emocionais. É um trabalho que não é rápido e nem exato. Que necessita de tempo, disponibilidade e, para alguns, até mesmo de uma equipe multidisciplinar).

Por fim, Jorge tratou o luto patológico. Ele foi participar de um grupo de terapia para pessoas que tinham o mesmo diagnóstico e, nesse grupo, aprendeu a lidar com essa dor. Tratando a dor, o álcool perdeu o sentido. Nessa nova fase, Jorge conheceu uma mulher, e anos atrás me convidou para a sua festa de noivado. Na festa não tinha nenhum tipo de bebida alcoólica. Quando eu perguntei a ele o porquê de não ter bebidas ele me respondeu:

— "Doutor, eu tô bem. Tô numa fase tão boa que é melhor não arriscar". Concordei e rimos juntos.

Mitos e verdades sobre o TUS

Beber todos os dias é pior que beber de vez em quando.

Mito. Apenas a frequência sem a quantidade ou os riscos individuais não são suficientes para se estabelecer essa diferença. Beber todos os dias pode produzir alguns tipos de prejuízos e o beber esporádico outros.

O uso indevido de medicamentos é tão perigoso quanto o consumo de drogas ilícitas.

Verdade. Nos últimos anos, muitas pessoas famosas morreram devido ao consumo exagerado de medicamentos. Os cantores Prince e Michael Jackson são bons exemplo disso. Se no passado a palavra overdose estava muito vinculada ao uso de substâncias ilícitas, hoje remédios como calmantes ou indutores do sono são potencialmente tão arriscados quanto qualquer droga vendida pelo tráfico.

Algumas drogas não causam dependência.

Verdade (em parte). Algumas drogas para funcionarem, precisam de um bom funcionamento de neurotransmissores (substâncias que levam informações de um neurônio para o outro no cérebro). Indivíduos que utilizam com frequência estas substâncias podem ter a impressão de que a droga não está produzindo nenhum ou pouco efeito.

Todas as drogas geram prejuízos iguais.

Mito. Os prejuízos do consumo de substâncias psicoativas estão relacionados a diversos fatores como: tempo de uso, potência da droga, idade do indivíduo, há quanto tempo e com que frequência essa pessoa utiliza a substância, entre outros fatores.

Todas as pessoas têm a mesma chance de se tornar dependentes de substâncias.

Mito. Algumas pessoas teriam mais vulnerabilidades e, por isso, mais chances de se tornarem portadores de TUS. Quanto mais vulnerável a pessoa for, mais riscos ela tem. Por isso, pessoas muitos jovens não deveriam experimentar substâncias psicoativas (essa faixa etária tem mais vulnerabilidades que indivíduos adultos).

Usar drogas leves sempre levará para a experimentação de drogas mais pesadas.

Mito. O que torna uma droga mais leve que a outra? As drogas que mais matam no mundo são as legalizadas: o tabaco e as bebidas alcoólicas. Esse é o primeiro mito a ser desmascarado aqui. O segundo é que nem todas as pessoas evoluirão para drogas de maior potencial de abuso. Por exemplo: nem todo mundo que fuma maconha vai usar cocaína, mas fato é usar algum tipo de droga que aumenta a chance de experimentação de outras.

Algumas drogas são utilizadas apenas por pessoas que se encontram em condições socioeconômicas inferiores, como o crack.

Mito. As drogas podem ser utilizadas por qualquer classe econômica. Indivíduos com menos dinheiro podem utilizar substâncias mais baratas, mas nada impede que uma pessoa que esteja em situação econômica privilegiada experimente, consuma e se torne dependente de drogas mais baratas. As cantoras Amy Winehouse e Whitney Houston, ambas falecidas devido ao uso de substâncias, tiveram em algum momento de suas carreiras, fotos tiradas por paparazzis, documentando o consumo de crack.

O tratamento de TUS é longo e sem resultados positivos.

Mito (em parte). Quanto mais rápida é a aceitação do transtorno pelo indivíduo, e com isso o tratamento, mais rapidamente teremos resultados positivos.

Existem diferentes formas de tratar o TUS.

Verdade: O TUS é um transtorno complexo, com muitas nuances e individualidades. Algumas pessoas precisarão de mais estratégias, como uma equipe multidisciplinar em um Centro de Atenção Psicossocial, outras necessitarão de internação em clínicas de reabilitação ou comunidades terapeutas, outros indivíduos ficarão bem e abstinentes porque frequentam salas de alcoólicos anônimos ou narcóticos anônimos. O ideal é pensar que todas as estratégias podem ser úteis, cada uma no seu tempo e dentro das necessidades de cada pessoa.

Remédios no tratamento do TUS são uma opção entre tantas.

Verdade: Nem todas as pessoas com TUS precisarão de medicamentos, porém, muitas os utilizarão pelo menos inicialmente como forma de lidar com a falta da substância que utilizavam.

Referências

Alegreti, Laís. (2023). *Amor ou abuso: Como identificar se você está em um relacionamento abusivo.* https://www.bbc.com/portuguese/geral-52998256 visualizado em 15.04.2023

Centro de Atenção Psicossocial. (2023). https://www.gov.br/saude/pt-br/acesso-a-informacao/acoes-e-programas/caps

Diehl, A.; Cordeiro, D; Laranjeira, R. (2018). *Dependência química: prevenção, tratamento e políticas públicas.* Porto Alegre, RGS: Artmed.

Figlie, N. B., & Diehl, A. (2014). *Prevenção ao uso de álcool, tabaco e outras drogas: o que e como fazer?* Porto Alegre, RGS: Artmed.

Ribeiro, M., & Laranjeira, R. (2016). *Evolução do Conceito de Dependência* (atualizada, com comentários sobre o DSM-V). https://www.researchgate.net/publication/283277043_Evolucao_do_conceito_de_dependencia_atualizada_com_comentarios_sobre_o_DSM-5

CAPÍTULO 2

Agir no momento presente: não trazer o peso do passado e nem prever o futuro

Janaina Luisi Turisco[1]

"O único momento que temos é o agora."
Ayya Khema

Piloto automático

Você já chegou a algum lugar e não se lembrou do caminho que fez?

Ficou na dúvida se fechou ou não a porta de casa ou do carro?

Você se lembra o que comeu no café da manhã de ontem?

---

[1] Psicóloga. Especialista em Dependência Química e Mindfulness pela UNIFESP. Instrutora certificada nos protocolos: Mindfulness aplicado à promoção da saúde (MBHP Mindfulness Based Health Promotion – UNIFESP), Prevenção de Recaída baseada em Mindfulness (MBRP Mindfulness Based Relapse Prevention – UNIFESP), Terapia Cognitiva baseada em Mindfulness (MBCT Mindfulness Based Cognitive Therapy – Oxford Mindfulness Centre – Reino Unido) e protocolo Viver Compassivo baseado em Mindfulness (MBCL – Mindfulness-Based Compassionate Living – Instituto Plenativamente). Docente na UPPSI (Unidade de Aperfeiçoamento em Psicologia e Psiquiatria). Membro do Centro Brasileiro de Pesquisa e Formação em Mindfulness e Manejo Emocional (UNIFESP).

Acredito que tenha respondido sim a pelo menos uma das perguntas. Estamos a maior parte do tempo no piloto automático, fazendo uma atividade e já pensando em uma próxima ou mesmo remoendo a que passou.

A mente humana (o cérebro) tem uma capacidade muito grande de divagar e de se distrair com frequência, principalmente na atualidade, em que estamos sobrecarregados de informações, estímulos e demandas. Nosso sistema humano não foi projetado para receber e aguentar toda essa sobrecarga. Como consequência, acabamos desenvolvendo um modo de ser: multitarefas. Acreditamos que ao fazer várias coisas ao mesmo tempo ganhamos produtividade e executamos mais tarefas em menos tempo, mas não é isso que acontece, pois o nosso cérebro não foi programado para executar duas tarefas ao mesmo tempo, e uma delas acaba ficando de lado. Um exemplo é quando estamos comendo pipoca e assistindo a um filme: talvez a pipoca acabe e você se surpreenda com isso, porque sua atenção estava no filme, e não no ato de comer.

Um estudo de Killingsworth e Gilbert (2010) mostrou que essa divagação chega a 47% do tempo, ou seja, estamos em um lugar, mas pensando em outro. Como consequência dessa divagação, estamos propensos à improdutividade, à sensação de infelicidade, à falta de foco, à dificuldade em manter a atenção, a problemas de memória, ao estresse, entre outras condições clínicas.

Passado e futuro: cuidado com eles

Quais seriam esses outros lugares para onde a mente vai? Veja a imagem a seguir:

Figura 1 - Passado e futuro: cuidado com eles

A partir dessa imagem, podemos observar que o corpo está no momento presente, mas a mente pode estar divagando entre o PASSADO e o FUTURO, ou ainda, estar no REINO DA FANTASIA.

Cuidado para onde a sua mente vai!

"Passado e futuro ocultam Deus de nossa vista, ponha fogo em ambos".
Rumi

Você sabe para onde está indo a sua atenção diariamente? Nossa atenção, ou podemos chamar ainda de consciência, tem um poder grande sobre a divagação no tempo e, dependendo para onde ela divagar e o tempo que ela permanecer nesse local (passado, futuro ou reino da fantasia), possivelmente aumentará nossa carga de sofrimento diário.

PASSADO

"O passado é um lugar de referência, não um lugar de residência, o passado é um lugar para aprendermos, não para vivermos".
Roy T. Bennett

Quantas vezes você já se pegou preso no passado? Lembranças de um tempo bom ou mesmo lembranças de um tempo não tão bom. Caso nossa mente tenha a tendência a se prender ao passado, sinais e sintomas de tristeza estarão presentes no nosso dia a dia. Talvez, você carregue o passado com culpa, arrependimento, mágoas, decepções, sensação de impotência e melancolia. Todos esses sentimentos acabam prejudicando o seu dia hoje e aumentando as chances de desenvolvermos sinais e sintomas de depressão e/ou ansiedade, além de outras condições relacionadas à saúde mental e emocional.

FUTURO

"Eu sofri por muitas catástrofes na minha vida, a maioria nunca aconteceu."
Mark Twain

Outras pessoas acabam se distraindo com um futuro que ainda não chegou. Muitas das vezes, perdemo-nos nesse futuro, imaginando apenas cenários negativos que provavelmente nem irão acontecer. Caso nossa mente tenha a tendência de divagar para o futuro, estaremos com frequência preocupados, aflitos, planejando, cobrando-nos, e tudo isso gera uma grande angústia e, provavelmente, desenvolveremos sinais e sintomas de ansiedade, além de outras condições relacionadas à saúde mental e emocional.

REINO DA FANTASIA

Existe mais um lugar que a nossa mente gosta de visitar: o reino da fantasia. Nele, ficamos presos em cenários ideais, cenários perfeitos e que, muitas das vezes, estão longe da nossa atual realidade e, quando encaramos esse real, alguns sentimentos aparecem, tais como frustração, desânimo, impotência, entre muitos outros.

Identificando a divagação

Você consegue perceber qual o lugar em que a sua mente costuma ficar? Esse é o primeiro passo para conseguirmos cuidar da nossa saúde mental e emocional.

> Vou lhe fazer um convite:
> Pare, por favor, agora, por alguns instantes.
> Deixe o livro de lado e feche seus olhos
> (caso você não se sinta confortável com
> isso, apenas fixe-os em algo a sua frente).
> Consegue ouvir aquela voz interna?
> Esses são nossos pensamentos.
> Para onde eles te levam?

Alguns exemplos:

- **Passado**: "Se naquele tempo eu tivesse percebido os comportamentos do meu filho, talvez ele não estaria usando tanta droga."; "Queria entender o porquê ele começou a beber, será que eu fiz algo para isso?"

- **Futuro**: "Será que ele vai parar de usar drogas? Estou com tanto receio que ele tenha uma recaída!"; "Tenho que tomar cuidado com o que eu falo, pode ser um gatilho para minha esposa querer beber."; "Melhor não irmos à festa, essa situação não vai acabar bem, vai dar tudo errado."
- **Reino da fantasia**: Estar se imaginando em uma praia com as pessoas que mais ama, divertindo-se e todos em paz.; Você se imaginando em uma viagem na praia com um lindo dia de sol.

Observe quais pensamentos chegam e tente nomeá-los, por exemplo: lembrança, dúvida, um planejamento, uma cobrança, e assim por diante. Um ingrediente fundamental nesse e em todos os exercícios que serão propostos mais adiante são as atitudes conosco diante da divagação mental, pois ela vai acontecer. Precisamos desenvolver a paciência, a gentileza e a amorosidade conosco, visto que a mente humana divaga quase que a metade do nosso tempo enquanto estamos acordados. Mais adiante, falaremos a respeito de alguns exercícios atencionais para ajudar nessa divagação intensa da nossa mente/consciência.

Você pode se perguntar: "Mas está errado eu ter lembranças ou mesmo me preocupar e me planejar?"; "Não posso me imaginar em lugares em que quero estar?" Sim, você pode, mas fique atento, pois, a partir do momento que estar nesses lugares gera sofrimento, cuidado, algo precisa ser feito.

Saindo do piloto automático

"Preste atenção em seus pensamentos,
eles se transformaram em palavras.
Preste atenção em suas palavras, elas
se transformaram em ações.
Preste atenção em suas ações, elas se
transformaram em hábitos.
Preste atenção em seus hábitos, eles se
transformaram em caráter.
Preste atenção em seu caráter, pois ele
se torna o seu destino."
Lao Tzu – Filosofo Chinês

Se vivemos quase que metade do nosso tempo divagando, no piloto automático, então, o que seria o oposto disso? Prestar atenção no momento presente seria o oposto desse piloto automático. O primeiro passo já foi dado, agora já sabemos o poder de divagação e seus efeitos nocivos para a nossa saúde mental e emocional. A partir de agora, o convite é trazer para o momento presente. A única certeza de que temos é o hoje, estar no aqui e no agora. Podemos ter como exemplo os Narcóticos Anônimos que utilizam o lema "Só por hoje" com a ideia de que a recuperação ao uso de substâncias é um processo gradual, um dia de cada vez, e isso poderá ajudar na divagação mental: não se apegar ao passado, não ter medo do futuro e nem ficar se imaginando em cenários irreais.

Como em qualquer prática, precisaremos treinar, pois a mente vai divagar, e eu a trago de volta para o momento presente. Vamos agora aprender a reconhecer e a treinar nossa mente.

O primeiro passo é perceber que na maior parte do tempo estamos distraídos e, com isso, acabamos ativando várias partes do nosso cérebro, o que acaba consumindo mais nossa energia, resultando no cansaço mental. O segundo passo é se dar conta de que a mente divagou. O terceiro passo seria reorganizar a nossa atenção, e o último passo, voltar e focar no momento presente. Todo esse processo chama-se autorregulação atencional. É importante lembrar que o funcionamento natural da mente sempre será a divagação, por isso, vale a pena esse treino de retornar ao foco sempre que perceber a mente se distraindo, entretanto, com atitude de gentileza e paciência consigo mesmo.

Um exemplo desse mecanismo pode ser utilizado agora, pois, ao ler esse livro, sua mente provavelmente se distraiu em algum momento e, se você teve a chance de perceber isso, pode reorganizar a sua atenção e voltar a focar na leitura. Lembrando que, a maior parte do tempo, a mente divaga e, com isso, teremos que ter paciência conosco e toda vez que percebermos a divagação, podemos voltar ao foco.

Nós podemos perceber, então, que esse é um treino atencional, ou seja, minha mente/consciência vai se distrair (passado, futuro ou reino da fantasia), percebo essa divagação, reorganizo e volto a focar no momento presente. Repita essa ação quantas vezes forem necessárias e, quanto mais você treinar, melhores resultados terá, tais como o aumento da sensação de felicidade, a diminuição dos sintomas de ansiedade e depressão e o manejo de estresse.

Só por hoje: vivendo o momento presente

"Meditar não é para se acalmar, para se tranquilizar, para relaxar: pelo contrário, é pra nos darmos conta de que não somos calmas, tranquilas, relaxadas. É para descobrirmos, muitas vezes para nossa surpresa, que ainda estamos obcecadas por aquele velho namorado, que ainda estamos sofrendo a dor daquela velha ofensa, que já estamos vivendo a angústia da morte que um dia morreremos. asta tentarmos habitar o momento presente para percebermos o quanto moramos no passado e no futuro".

Alex Castro

A mente humana tem uma tendência natural de aumentar a carga de sofrimento frente às demandas usuais da nossa vida e, diante das questões relacionadas ao uso de substâncias, essa carga aumentará ainda mais. Com essa predisposição, nossos dias frente a essas situações parecerão não ter fim ou mesmo imaginaremos fins trágicos, lembrando que a mente facilmente antecipa, catastrofiza, fica presa no passado ou tem a chance de ir para cenários ideais e nada reais.

Precisamos aprender a lidar, gerenciar e cuidar desse sofrimento no hoje. Pensando nisto, gostaria de lhe fazer um convite:

Veja se consegue parar por um instante e nomear esse sofrimento agora.

Talvez existam emoções desafiadoras (substituir emoções negativas por desafiadoras, pois a tendência é não querer sentir nada negativo e se afastar cada vez mais do que está gerando sofrimento agora). Talvez abrir espaço para todas as emoções que forem surgindo (medo, raiva, angústia, nojo, tristeza, entre muitas outras), perceber como fica seu corpo diante desse sofrimento (dor no peito, dor no estomago, coração acelerado, suando, dor de cabeça, tensões musculares, entre outros sinais e sintomas), escutar seu corpo. Aqui o convite é ficar com o que está presente, não aumentar a carga desse sofrimento. De maneira nenhuma será a fuga dos nossos problemas, mas sim uma maneira diferente de encarar algo tão intenso e dolorido.

Talvez cultivar esse estado mental de estar no aqui e no agora nos ajude a abrir espaço para o que estiver presente, mesmo sentindo emoções bem desafiadoras, assim, a carga de sofrimento tenderá a ser mais real.

Utilizando essa estratégia, algumas perguntas poderão surgir:

- Como eu posso cuidar melhor de mim HOJE?

- O que eu posso fazer HOJE?

- Diante dessa situação que estou vivendo, quais os meus recursos HOJE?

Cultivando o aqui e o agora, nossa mente abre espaço para a intuição, para a criatividade, para a esperança e para a fé. Não podemos deixar a mente se perder no tempo (passado, futuro ou reino da fantasia). Talvez, a realidade do hoje seja dolorida, mas lembre-se: a mente tem a tendência de colocar mais carga nesse sofrimento, então, fique apenas com o que você tem HOJE, e não com as criações da sua mente.

"A dor é inevitável,
mas o sofrimento opcional."
Buda

A atenção plena é a tradução da palavra *Mindfulness*, que significa estar atento ao momento presente de forma intencional, com algumas atitudes de gentileza, curiosidade e sem julgamentos.

Mindfulness é o oposto do funcionamento do piloto automático, o oposto de divagar, é prestar atenção ao que é proeminente no momento presente. Segundo Demarzo e Campano (2015), *mindfulness* refere-se a um estado ou a uma característica da mente humana, presente em todos os indivíduos, em maior ou menor intensidade. Um estado que pode ser reaprendido e treinado.

Parece muito simples, mas como a mente humana passa quase metade do tempo divagando, precisaremos de alguma ajuda para estabilizar nossa atenção, ou seja, um ponto de apoio para permanecermos no aqui e no agora. Precisaremos ancorar nossa atenção no hoje, assim como as âncoras que são utilizadas para não deixarem as embarcações à deriva. Para não deixar a nossa mente à deriva e solta, uma das maneiras de nos mantermos no presente, focados, seria nos conectando às âncoras disponíveis e de fácil acesso. Pegamos emprestado o conceito concreto da âncora para facilitar o entendimento para essa forma mais abstrata, ou seja, a âncora como um ponto de apoio da nossa atenção. De maneira mais abstrata, temos disponíveis várias âncoras, e são elas: a nossa respiração, o nosso corpo, a nossa audição, a nossa visão, os nossos movimentos e a nossa caminhada. Ao levarmos nossa atenção a essas âncoras, estaremos nos conectando diretamente ao momento presente, pois elas só acontecem nesse tempo.

A seguir, podemos listar as mais conhecidas e deixar um exercício de meditação para prática. Utilizamos a meditação para alcançar esse estado mental de estar atento ao presente momento de forma intencional com as atitudes de gentileza e paciência.

Todas as meditações apresentadas incluirão algumas âncoras. Então, participe com abertura, curiosidade, e não com julgamento. Esse será nosso treino de se abrir ao momento presente com todas essas atitudes e intenções.

Todos os exercícios de meditação podem ser utilizados como práticas formais ou informais. Nas práticas formais geralmente investimos mais tempo, reservamos um momento do dia para sentar e praticar. As práticas informais podemos fazer no dia a dia, como tomar banho prestando atenção na água, no cheiro do shampoo ou mesmo no toque da toalha na pele, podemos trazer a atenção plena para todas as atividades diárias: apenas faça a atividade sem querer dividir atenção com outras tantas.

Meditar não é deixar a mente em branco, meditar é perceber o funcionamento da mente (divagar) e ter sempre a chance de voltar para uma âncora disponível.

"Meditação não é fuga.
É um encontro sereno com a realidade".
Thích Nhất Hạnh

Alguns cuidados antes de iniciar as meditações

Quanto tempo eu devo praticar? A sugestão seria iniciar com alguns minutos e ir gradativamente aumentando ou utilizar as âncoras no decorrer do seu dia. A dica aqui é colocar lembretes (alarme no celular, um *post it* ou um recadinho em algum lugar que você passe com frequência), renovando, assim, essa intenção de voltar ao momento presente.

Todas as âncoras estarão disponíveis 24 horas por dia, podendo ser um ponto de apoio da sua atenção, principalmente em momentos em que estamos desatentos ou vivendo desafios diários.

Caso esteja em alguma fase aguda de qualquer condição clínica, seja física ou mental, não seria recomendado iniciar as meditações. Durante as práticas, observa-se também alguns desconfortos físicos, emocionais ou mentais, mas esses geralmente são transitórios. Caso persistam, é preciso buscar ajuda profissional.

Você poderá fazer as meditações de olhos fechados ou com os olhos abertos, fixando-se em um ponto a sua frente (ângulo de 45°).

Cuidado com a postura do corpo: dependendo da prática você poderá fazer sentado ou deitado. Fique atento, pois, no momento de meditar seu corpo, você precisará estar desperto, mas, ao mesmo tempo, em uma postura confortável. Caso durante a prática venha algum desconforto, traga atenção a isso e ajuste a postura.

Uma dica muito importante: observe a divagação da mente e treine o retorno ao foco/âncora (treino atencional). Esta é uma das dicas mais importantes quando resolvemos aprender a ficar no momento presente. Durante todos os exercícios, reforçaremos essa dica.

Âncoras e exercícios de meditação

1. Respiração

Só respiramos no momento presente. Além disso, a respiração pode ser um termômetro emocional. Observe quando estamos ansiosos, o que acontece com a sua respiração? Ela provavelmente fica mais curta ou mais intensa. Intuitivamente, já utilizamos essa âncora, ao falarmos para nós mesmos ou para as pessoas em crise, para que tenham calma, respirem, ou mesmo quando fazemos respirações profundas em momentos de estresse. Agora, você já pode utilizar essa âncora com mais consciência e saber que ela estará presente e poderá ser uma grande aliada.

Lembre-se: observar a divagação da mente e treinar o retorno ao foco/âncora (respiração) – treino atencional.

Exercício (meditação da respiração): o convite é você parar por alguns instantes, fechar os olhos ou deixá-los fixos em um ponto a sua frente (ângulo de 45°). Perceba a respiração acontecendo, não precisa forçar e nem mudar o fluxo, apenas observe. Você pode contar a sua respiração ou mesmo perceber os ciclos de inspiração e expiração. Lembrando que a todo momento que perceber uma divagação, é preciso retornar.

2. Corpo

O corpo só existe no aqui e no agora, pois ele sempre permanecerá conectado com o momento presente. Essa âncora estará disponível 24 horas por dia e, o mais importante, é que você terá a chance de sair do mental e ir para o corpo, observando as sensações que nele existem. A comunicação do corpo acontecerá por meio de sinais e sintomas, sejam sensações agradáveis ou desagradáveis. Uma dor é um tipo de comunicação, mas como vivemos no piloto automático, não ouvimos esses recados que o corpo nos comunica. Cultivar a consciência nas sensações corporais é uma maneira de se conectar diretamente com a experiência do momento presente.

Lembre-se: observar a divagação da mente e treinar o retorno ao foco/âncora (sensações ou ausências de sensações no corpo) – treino atencional.

Exercício (escaneamento corporal): o convite é você parar por alguns instantes, fechar os olhos ou deixá-los fixos em um ponto a sua frente (ângulo de 45°). Traga a atenção em partes do seu corpo. Assim, você poderá iniciar pela cabeça e ir descendo até os pés ou iniciar nos pés e ir passeando com sua atenção até a cabeça. O objetivo é passear com a sua atenção por cada parte do seu corpo.

3. Audição

Assim como a respiração e o corpo, os sons acontecem somente no momento presente, sendo eventos que surgem, passam pela consciência e vão embora. Com essa âncora, observaremos a experiência do momento presente por meio dos sons.

Lembre-se: observar a divagação da mente e treinar o retorno ao foco/âncora (sons) – treino atencional.

Exercício (consciência de ouvir): o convite é você parar por alguns instantes fechar os olhos ou deixá-los fixos em um ponto a sua frente (ângulo de 45°), permitindo que os sons cheguem até você. Muitas vezes, ao ouvir o som, nossa mente já vai julgando, rotulando ou mesmo categorizando, entretanto, na medida do possível, abra mão disso e escute as especificidades de cada som. Note se ele é alto, baixo, agudo, se está longe ou perto, escute sons internos ou mesmo o som do silêncio. Não se esqueça de que a todo momento que perceber uma divagação, é preciso retornar à ancora da audição.

4. Visão

A visão seria outro sentido que podemos utilizar como âncora, pois enxergamos o que está presente, no agora.

Lembre-se: observar a divagação da mente e treinar o retorno ao foco/âncora –visão (treino atencional).

Exercício (consciência de ver): o convite é você parar por alguns instantes e deixar seus olhos percorrem o horizonte ou escolher um foco fechado (um objeto específico). Nessa prática, teremos novamente a oportunidade de observar o funcionamento da mente que, muitas vezes, ao ver qualquer imagem, já vai julgando, rotulando ou mesmo categorizando, entretanto, na medida do possível, abra mão disso e veja as especificidades de cada paisagem. Você pode notar as cores, os formatos, as tonalidades, os contornos, os detalhes, a sombra ou o movimento. Não se esqueça de que a todo momento que perceber uma divagação, é preciso retornar à ancora da visão.

5. Caminhada meditativa

É muito provável que a nossa caminhada aconteça no piloto automático. Na maioria das vezes, estamos distraídos e temos uma chance maior de tropeçar e até de cair. Trazer atenção plena ao caminhar é uma maneira de estarmos conscientes e de fazer da caminhada uma âncora. Só caminhamos no hoje, no chão presente em nossos pés. A caminhada consciente vem para desmistificar que a meditação acontece apenas se estivermos sentados. Estamos sempre caminhando com um objetivo, por isso, talvez, iniciar essa prática apenas com o objetivo de sentir a caminhada ajude a sair do piloto automático.

Lembre-se: observar a divagação da mente e treinar o retorno ao foco/âncora (caminhada meditativa) – treino atencional.

Exercício (caminhada consciente): para esse exercício, manteremos os olhos abertos. Antes de iniciar a caminhada, pare por alguns instantes e sinta o peso do seu corpo. Intencionalmente, inicie prestando atenção no primeiro passo acontecendo e, em seguida, vá caminhando e sentindo os músculos, o toque da roupa ou mesmo a temperatura tocando seu corpo enquanto caminha. Não se esqueça de que a todo momento que perceber uma divagação, é preciso retornar à ancora da caminhada.

6. Movimentos conscientes

Os movimentos seriam outra maneira de nos conectarmos com o momento presente. Somente nos movimentamos no aqui e no agora, então, podemos utilizar essa âncora como uma boa oportunidade de nos conectarmos com o corpo. Enquanto há movimento, observamos as respostas emocionais, as necessidades, os desconfortos e os julgamentos. No momento em que nos movimentamos com consciência, podemos ouvir nosso corpo e ter a oportunidade de fazer as pazes ou mesmo de cuidar melhor dele.

Lembre-se: observar a divagação da mente e treinar o retorno ao foco/âncora (movimentos) – treino atencional.

Exercício (movimentos com consciência): esses movimentos são diferentes de exercícios para uma prática de atividade física e não tem nenhum objetivo a se alcançar, a não ser ter a consciência do movimento acontecendo no momento presente. Você pode escolher uma sequência de movimentos e os ir fazendo com atenção, lembrando sempre de observar o impulso de querer fazer logo ou passar para um próximo. Observe as sensações do corpo enquanto se movimenta (bem-estar, dor, urgências, etc.).

Autorregulação intencional

Por que e para que cultivar a mente no aqui e no agora por meio da meditação?

Como já mencionamos anteriormente, a mente humana tem uma capacidade e uma facilidade muito grande de aumentar a carga de qualquer sofrimento.

Cultivar esse estado mental de estar atento ao momento presente pela meditação tem alguns efeitos benéficos na saúde como:

- Melhora dos sintomas de ansiedade, depressão e dor.
- Melhora na qualidade de vida.

- Melhora o foco, a concentração e a criatividade.
- Melhora nos relacionamentos interpessoais.
- Aumento da sensação de felicidade.
- Aumento na consciência corporal.
- Auxilia na prevenção de recaída de depressão.
- Nos casos de dependência química, efetividade para diminuir fissura, consumo de substâncias nos episódios de recaídas, além de diminuir sintomas de ansiedade, depressão e expressão da raiva.

Estudos demostram que 8 semanas de treino de meditação *Mindfulness* podem alterar algumas estruturas neurológias, e essas estruturas resultam no aumento da regulação atencional (córtex cingulado anterior), aumento da regulação emocional (córtex pré-frontal), uma maior consciência corporal (ínsula) e uma diminuição da impulsividade e reatividade (amídala/hipocampo).

Com a evolução da espécie humana, nosso cérebro foi se desenvolvendo e ganhando mais competências. Segundo Gilbert, pai da Terapia Focada na Compaixão, esse cérebro evoluído é, portanto, potencialmente problemático por causa de seu "*design*" básico, sendo facilmente desencadeado em comportamentos destrutivos e em problemas de saúde mental (chamados de "cérebro complicado"). No entanto, os mamíferos, e especialmente os humanos, também desenvolveram motivos e emoções para um comportamento carinhoso e altruísta, que pode organizar nosso cérebro de forma a compensar significativamente nossos potenciais destrutivos. Podemos fazer uma relação com o poder destrutivo ao consumir substâncias psicoativas, pois estaremos ativando uma parte importante do nosso sistema de busca e recompensa, mas, por outro lado, teremos o poderoso sistema de calma/segurança, para podermos aprender a nos acalmar e a cuidar de nós mesmos e dos outros.

A pesquisa sobre a neurofisiologia da emoção sugere que podemos distinguir pelo menos três tipos de sistema de regulação emocional: sistemas de ameaça e proteção, sistemas de busca e recompensa, e sistema de calma/segurança. Observe a Figura 2.

Figura 2 - Nossos sistemas emocionais

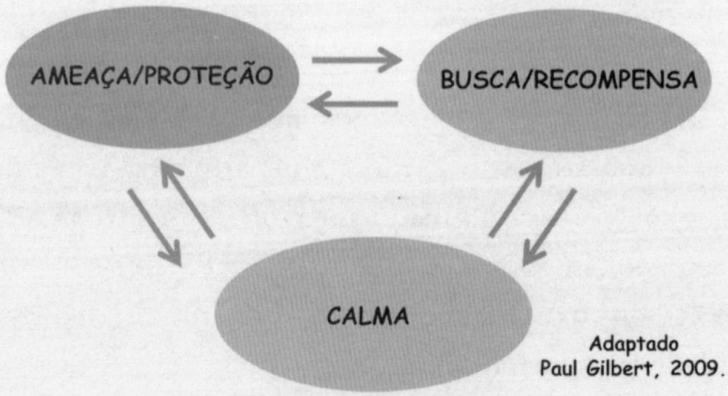

A seguir, explicarei brevemente características de cada sistema.

Sistema de ameaça e proteção

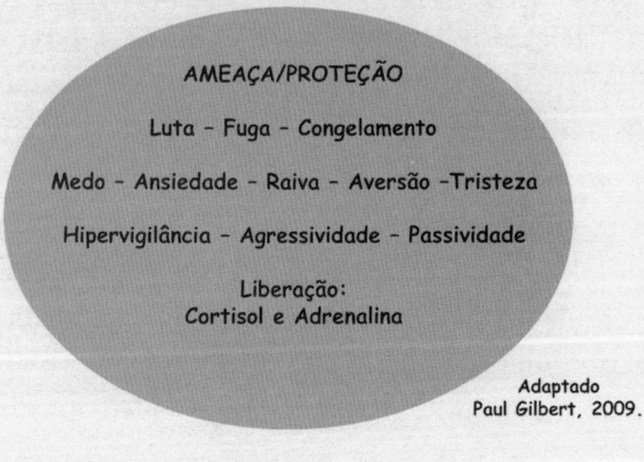

Nesse sistema, estamos em constante estado de alerta frente a qualquer situação nova e desafiadora. Essa parte do cérebro (cérebro reptiliano) é o mais primitivo e, por isso, diante dessas ameaças, teremos algumas respostas: lutar, fugir ou congelar. Não precisa ser uma ameaça muito grande para ativar: pode ser um medo de falar algo para a pessoa que está em tratamento, uma festa de aniversário onde tem bebida, um familiar que atrasa em um compromisso, uma discussão, ou seja, qualquer situação que leve a nos sentirmos ameaçados. Com isso, nosso sistema é ativado e uma descarga grande de adrenalina e cortisol é secretada para que possamos fazer algo a respeito. Lembrando que o excesso desses hormônios pode causar inúmeras doenças físicas ou mesmo mentais e emocionais.

Sistema de busca e recompensa

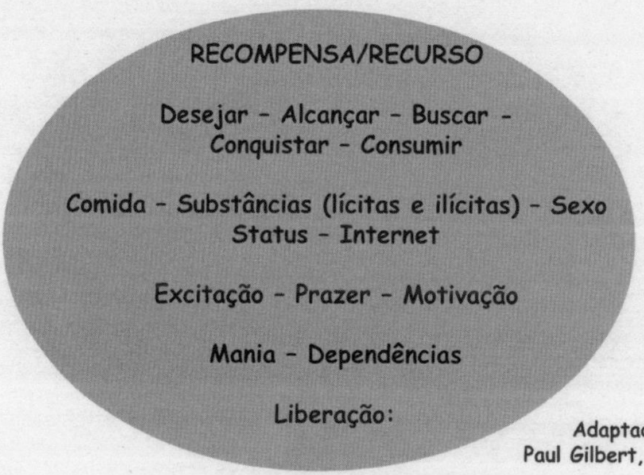

Adaptado Paul Gilbert, 2009.

Este é o sistema que mais fica ativado quando estamos falando de uso de substâncias psicoativas. Temos a tendência de buscar no externo algo que nos alivie de qualquer desconforto ou buscar algo que nos gere algum prazer. Podemos ter como exemplo a pessoa que utiliza o álcool para aliviar a ansiedade, ou mesmo, a pessoa que utiliza o álcool para gerar uma sensação de felicidade. O sistema de busca/recompensa faz parte da nossa existência e precisamos buscar um ponto de equilíbrio ou precisamos perceber quando passamos dos nossos limites, ou seja, quando o uso de uma substância está se tornando um transtorno que pode variar de leve a grave.

Esse sistema também está ativado quando compramos, trabalhamos, comemos ou utilizamos a internet. Todos nós temos a tendência de ir em busca de algo que nos dê um prazer ou o alívio de um desprazer. Ficar atento a isso é fundamental, pois, se estivermos no piloto automático, teremos uma grande chance de desenvolver dependências sejam elas quais forem.

Sistema de calma/acolhimento

Adaptado
Paul Gilbert, 2009.

Dentre os 3 sistemas que fazem parte dessa teoria, o de calma é o menos ativado por nós, seja por ignorância ou por falta de prática. Na maioria das vezes, estamos ativados pelo sistema de ameaça/proteção ou indo atrás de falsos refúgios por meio da ativação do sistema de busca/recompensa. Precisamos, intencionalmente, ativar e trazer a consciência para esse sistema de calma, pois acolheremos o que estiver surgindo no presente momento e, a partir disso, fazemos melhores escolhas para as nossas vidas, contribuindo, assim, para uma melhor qualidade de vida, mesmo com tantos desafios e demandas. Ao ativarmos esse sistema, aprendemos a agir em vez de reagir.

Você consegue se reconhecer nesses sistemas? Talvez, você se reconheça mais no sistema de ameaça/proteção e no sistema de busca/recompensa, mas a melhor notícia é que podemos intencionalmente ativar o sistema de calma, principalmente pelas práticas meditativas.

O primeiro passo é trazer atenção plena/consciência para qual sistema está ativado e, a partir disso, fazer melhores escolhas, ou seja, escolhas mais conscientes. A meditação também nos ajudará a ativar o sistema de calma.

Para finalizar, deixo mais uma prática de Atenção plena/*Mindfulness* que o ajudará a sair desse piloto automático e perceber o que está acontecendo no aqui e agora, abrindo espaço para o que estiver presente, para poder respirar e responder com mais habilidade. O nome desta prática é PARAR, que poderá ser utilizada em qualquer situação de estresse ou em momentos de reatividade ou impulsividade. Lembrando que, muitas vezes, em determinada situação, você vai PARAR e perceber que está muito tenso ou com muita raiva, e tudo bem, pois o PARAR é justamente para você ter a consciência do que está acontecendo e ter a chance de responder com mais habilidades diante dos desafios, principalmente quando envolve uso de substâncias.

PARAR

Parar: Sair do piloto automático e trazer consciência ao aqui e agora.

Atentar e observar as sensações no seu corpo, observar o fluxo de pensamentos da sua mente e nomear emoções presentes.

Levar a atenção para a **R**espiração, notando os movimentos de seu corpo ao respirar.

Ampliar a atenção para incluir o corpo como um todo, retornando ao ambiente. Manter o momento presente nessa consciência mais espaçosa.

Sentir que este é um lugar em que você é capaz de **R**esponder a qualquer situação com mais consciência, aprendendo a agir em vez de reagir.

Deixar os olhos se abrirem e encerrar a prática.

"Entre o estímulo e a resposta, existe um espaço.
Nesse espaço está o poder de escolher a nossa resposta.
Na nossa resposta encontra-se o nosso
crescimento e a nossa liberdade."
Vitor Frankl

Cuidando de quem cuida: Compaixão e Autocompaixão

Sabemos o quanto é desafiador e intenso cuidar de pessoas com questões relacionadas ao Transtorno de uso de Substâncias. Muitas vezes, o cuidado, a atenção e o foco acabam ficando exclusivos para a pessoa mais vulnerável. Nosso sistema humano (sistema de ameaça e proteção) foi "programado" para cuidar, ajudar e salvar outras pessoas que estão em perigo. A partir do momento que estamos envolvidos em um sofrimento e agindo com uma motivação de cessar ou mesmo cuidar desse sofrimento, estamos falando e praticando a Compaixão, que envolve dois conceitos: SOFRIMENTO + AÇÃO.

O familiar ou mesmo o cuidador acaba sendo altamente compassivo e isso se faz necessário no tratamento e na recuperação do outro. Mas a compaixão de nada adianta se não envolver o cuidador, e esse deverá se convidar a utilizar a autocompaixão. Nesse momento, a compaixão estará completa, pois o cuidador também será cuidado e, com isso, aprenderá a se respeitar, a colocar limites, a observar as suas vulnerabilidades, ao se preservar e ao investir um tempo para si, com atenção plena no momento presente e evitando divagar entre o PASSADO e o FUTURO. Tal postura empodera o familiar/cuidador e aumenta as chances de estabelecer um relacionamento saudável e uma comunicação mais efetiva.

O usuário de substâncias elicia nos familiares o pensamento de passado, futuro e reino da fantasia. Esteja presente no hoje: fale do aqui e agora e se cuide, pois ao oferecer um modelo de saúde e limites, você se fortalecerá e consequentemente aumentará a possibilidade de estabelecer uma relação de ajuda ao outro.

"Se a sua compaixão não inclui
a si mesmo, ela é incompleta."
Buda

Referências

Bowen S., Chawla N., Marlatt G. A. (2015). *Prevenção de recaídas baseada em mindfulness para comportamentos aditivos: um guia para o clínico.* Rio de Janeiro: Editora Cognitiva.

Demarzo, M., CAMPAYO, J. G. (2015). *Manual prático de mindfulness: curiosidade e aceitação.* São Paulo: Palas Athena.

Germer, K. C., Siegel, D. R., Fulton, R. P. (2016). *Mindfulness e Psicoterapia* (2ª ed.). Porto Alegre: Artmed.

Gilbert, P. (2009). Introducing compassion-focused therapy. *Advances in Psychiatric Treatment,* (*15*(3), pp. 199-208). doi:10.1192/apt.bp.107.005264

Gilbert P. (2014). The origins and nature of compassion focused therapy. *Br J Clin Psychol.* (53(1):6-41). doi: 10.1111/bjc.12043. PMID: 24588760

Hasenkamp, W., & Barsalou, L. (2012). Effects of meditation experience on functional connectivity of distributed brain networks. *Frontiers in Human Neuroscience* (6: p. 38). doi: 10.3389/fnhum.2012.00038

Hasenkamp, W., Wilson-Mendenhall, C., Duncan, E., Barsalou, L. (2012). Mind-wandering and attention during focused meditation: A fine-grained temporal analysis of fluctuating cognitive states. *NeuroImage* (59(1): 750-60).

Killingsworth, M. A., & Gilbert, D. T. (2010). A Wandering Mind Is an Unhappy Mind. *Science* 330 (6006) (November 11): 932-932.

Narcóticos Anônimos (2000). *Só Por Hoje: Meditações diárias para adictos em recuperação*. Van Nuys, World Service Office.

Miller, W. R., & Rollnick, S. (2013). *Motivational Interview – helping people change* (3ª ed.). New York, NY: The Guilford Press.

Rollnick, S., Miller, W. R., & Butler, C. C. (2022). *Motivational interviewing in health care: Helping patients change behavior*. New York, NY: The Guilford Press.

Zanelatto, N., & Figlie, N. B. (2020). *Compreendendo o transtorno por uso de substâncias*. São Paulo, SP: Centro de Terapia Cognitiva Veda. https://nelianafiglie.com.br/livros/ebook-compreendendo-o-transtorno-por-uso-de-substancias/

CAPÍTULO 3

O desafio da mudança: como motivar para mudar

Neliana Buzi Figlie[1]

Mudar ou não mudar: eis a questão!

Parafraseando Hamlet, a pergunta que fica é: por que as pessoas não mudam?

- Sofrer violência física ou psicológica num relacionamento abusivo e ainda assim manter esse relacionamento...
- Ter sofrido um ataque cardíaco seria suficiente para convencer alguém a parar de fumar, fazer dieta, exercitar-se, tomar remédios ...
- Ressacas, relacionamentos prejudicados, acidentes de carro e *blackouts* seriam suficientes para

[1] Psicóloga, Especialista em Psicologia Clínica pelo CRP, Especialista em Dependência Química, Mestre em Saúde Mental e Doutora em Ciências pelo Depto de Psiquiatria da UNIFESP. Instrutora Certificada de Entrevista Motivacional e Associada ao MINT (Motivational Interviewing Network of Trainers), com formação em Entrevista Motivacional pela University of New Mexico – Center on Alcoholism, Substance Abuse and Addictions (CASAA). Docente na UPPSI (Unidade de Aperfeiçoamento em Psicologia e Psiquiatria). Autora de livros e atuação como Psicoterapeuta Cognitiva e em Entrevista Motivacional. Homepage: www.nelianafiglie.com.br

convencer uma pessoa a fazer algo sobre o hábito de beber...

- A ameaça real de insuficiência renal, cegueira, amputação e as inúmeras complicações do diabetes seriam suficientes para motivar a perda de peso e o controle do diabetes ...
- O tempo gasto na prisão dissuadiria qualquer pessoa de reincidir ...

As situações listadas são impactantes, mas não necessariamente capazes de fazer algumas pessoas mudarem. E, geralmente, estas pessoas apresentam a resposta típica: "**Sim ... mas!**", o que elicia quase que automaticamente na pessoa que está tentando ajudar a resposta de dar conselhos e estimular o outro a realizar a mudança. Quase que como uma tarefa heroica de assumir o compromisso de milagrosamente "consertar o outro", que acaba acontecendo inconscientemente em muitas pessoas, principalmente quando envolve um ente amado, um desafio pessoal ou profissional intenso.

Não é incomum tentar persuadir o outro a mudar, principalmente se for em uma causa nobre ou de vida/morte. A consequência deste tipo de postura é que surge a resistência na pessoa que não está pronta para a mudança e a conversa se direciona para um contexto de argumentação e contra-argumentação. Quando uma pessoa percebe a sua liberdade ameaçada ou eliminada para assumir ou não algum comportamento, surge a reatância psicológica, em que a pessoa vai ativamente tentar restabelecer sua liberdade ameaçada. A persuasão pode ser encarada como uma ameaça à liberdade e é neste sentido que a conversa se direcionará para um jogo de disputa de argumentos ou convencimento, que nem sempre será frutífero ou proveitoso.

Lembre-se! Mensagens persuasivas geralmente são interpretadas como ameaça à liberdade de atitudes e, com isso, as pessoas vão tentar reafirmar a sua liberdade, mantendo as suas posições iniciais, ou de maneira mais provocativa, mudando as suas opiniões e atitudes em uma direção oposta à posição defendida pelo outro.

Quando não vem a persuasão/ameaça, as pessoas podem ser mais favoráveis ao recebimento de uma mensagem. Daí uma postura de conversar sobre as diferentes percepções acerca do mesmo tema pode ser mais motivador, para que a pessoa em risco possa encontrar uma direção, a fim de realmente se empoderar de uma escolha construtiva para si mesma.

Mas, nesse momento, você pode estar se perguntando: "Muito legal esse blá- blá – blá, mas como eu faço?".

Gostaria muito de dizer que eu tenho a resposta mágica para dar, mas sou honesta em dizer que você terá que construí-la. A seguir vou dar-lhe algumas diretrizes que podem ajudar.

A mudança é mais ampla e complexa do que um comportamento, porque envolve:

- Decisão ao fazer uma escolha.
- Atitude para se tornar uma pessoa diferente.
- Resolução com aceitação do que é possível e viável.

Motivação

O que você faria diante de:

- uma adolescente grávida que pensa em fazer um aborto?
- uma mulher idosa que sofreu dois acidentes de carro e quer continuar dirigindo?
- uma pessoa intoxicada em uma festa, que pensa que é seguro voltar para casa dirigindo.
- alguém que pensa em manter ou terminar um casamento?

Como você conversa? Pessoalmente, você pode ter uma resposta. Mas já parou para ouvir a resposta do outro?

Já pensou que a adolescente grávida vem do terceiro filho do tio paterno dela?

Já pensou no sofrimento da idosa que sempre foi ativa e que não quer ser um peso para os filhos para realizar as suas atividades?

Já pensou que a pessoa intoxicada, certa vez, voltou com a esposa dirigindo e que, num acidente no passado, eles perderam um filho? Desde então, ele bebe porque não consegue aceitar a morte do filho?

Já pensou que terminar um casamento pode representar o término de um projeto de vida, mas que pode significar se libertar de um relacionamento abusivo?

Todos os casos descritos são reais. O que proponho é que possamos entender que sempre existe uma motivação por trás de um comportamento funcional ou disfuncional. **O que move o ser humano é a MOTIVAÇAO.**

Escutar, salvo situações de adoecimento ou perda auditiva, todos escutamos. Ouvir é difícil. Precisamos segurar nossas ansiedades e opiniões para ouvir o outro. Isso parece algo banal, mas faça o exercício de escutar o outro sem julgar ou emitir um juízo de valor, no primeiro momento...

A motivação no ser humano pode ser ativada, estimulada e construída. Muitos acreditam que somente podemos ajudar quem quer ser ajudado, mas isso não é verdade. **Toda pessoa, quando precisa fazer uma mudança, sente ambivalência, e se a conversa se direciona para a ambivalência, inicialmente, por meio de uma compreensão dos "prós" e "contras", sem julgamento, como uma troca de ideias em que cada qual pode colocar suas opiniões, temos aí uma chance de escuta.**

A conversa deve envolver mais escuta do que fala, porque a ideia é que a pessoa mude falando, substituindo a premissa: "Eu tenho o que você precisa" por "Você tem o que eu preciso e juntos vamos conseguir", porque o que une essas pessoas é um interesse genuíno ou o amor e, nessa atmosfera, a conversa colaborativa poderá frutificar.

Essa conversa propicia *à* pessoa uma oportunidade de aprendizagem, com aceitação plena e livre, sem receio dos sentimentos, valores e pensamentos que o terceiro possa ter, e isso não quer dizer que o terceiro endossa o que um dependente químico diz sobre: "Eu vou parar com a cocaína, mas vou continuar com o álcool". Eu posso ter uma opinião diferente e devo mostrar isso, depois de entender as justificativas que ele usa para acreditar nessa premissa. E, se ainda assim, ele insistir em seu argumento, preciso deixar claro que é por conta e risco dele.

Observe a Tabela 1 a seguir com algumas premissas básicas que podem auxiliar em uma conversa colaborativa.

Tabela 1 - Premissas básicas que auxiliam na conversa colaborativa

1. Empatia, congruência, espírito colaborativo no aumento da motivação para a mudança.
2. Adoção de um estilo calmo e eliciador.
3. Considerar a ambivalência natural. A motivação para a mudança deve ser eliciada e não imposta.
4. Auxiliar a pessoa na identificação e resolução da ambivalência.
5. O relacionamento deve ser colaborativo e amigável; as pessoas são responsáveis pelos seus atos. O terceiro atua como um facilitador no processo, estimulando e apoiando a autoeficácia da pessoa.
6. A abstinência é a meta mais segura, mas nem sempre a melhor escolha, principalmente com pessoas que estão em negação. Talvez ter metas intermediárias podem fazê-las se aproximar da família, de um tratamento, de um trabalho, de uma religião, de uma atividade física, e isso atuar como fator de proteção para uma mudança.

Ambivalência

Caso fizessem a seguinte proposta a você com garantias de realidade:

"Você recebeu a casa dos seus sonhos, com uma renda mensal que lhe permita viver com conforto, mas você precisaria se mudar imediatamente, sem levar nenhum pertence, apenas documentos pessoais, familiares e pets."

Ou pensando no Capítulo 1:

"Para que você possa cuidar do seu parceiro, você teria que seguir a recomendação médica de interná-lo, uma vez que ele corre risco de vida, mesmo ele não querendo."

O que você faria?

Um turbilhão de pensamentos e emoções viriam a sua cabeça: algumas pessoas paralisariam, outras iriam/fariam, outras não iriam/não fariam, mas todas elas teriam um frio na barriga, uma lembrança de algo do passado, algum questionamento, um medo do futuro e das consequências...

Isso é o que a ambivalência faz: por mais que a mudança seja positiva, você questiona os prós e os contras. E este questionamento acontece em mudanças positivas e negativas, porque faz parte da natureza humana.

> Penso, logo existo (Descartes).
>
> Parafraseando Descartes: Penso, logo tenho ambivalências.

A ambivalência é um estado mental, no qual a pessoa tem sentimentos coexistentes e conflitantes a respeito de alguma coisa. As dificuldades com a ambivalência em relação à mudança não são específicas do uso de substâncias. Trata-se de uma característica da condição humana, e levar em conta essa condição é um passo fundamental para a mudança de comportamento.

Podemos observar a existência da ambivalência principalmente nas pessoas que apresentam problemas com uso de substâncias na procura de tratamento, pois elas chegam com motivações flutuantes e conflitantes e, ao mesmo tempo, querem e não querem mudar. Este conflito parece ter um potencial especial para manter as pessoas aprisionadas, criando um grande estresse, procrastinação e adoecimento.

Uma pessoa que escuta uma manifestação comum de ambivalência do tipo "Eu quero parar de beber, mas não consigo deixar de tomar uma cerveja com os amigos", em vez de julgar como algo errado, anormal, inaceitável e como sinal de baixa motivação, poderá levar em conta essa ambivalência como esperada, aceitável e compreensível e, a partir daí, construir estratégias significativas para serem usadas no processo de mudança.

É importante salientar que trabalhar com a ambivalência é trabalhar com a essência do problema, com as reais motivações que o levarão a manter ou mudar o comportamento, levando em conta que a motivação é percebida como um estado de prontidão, o qual pode oscilar com o tempo e sofrer influência das relações interpessoais. A ideia é evocar, extrair ou mesmo eliciar os motivos, as razões, os desejos da pessoa para mudar, auxiliando, assim, a ressignificação da mudança em si.

A ambivalência pode paralisar o comportamento ou causar repetidas oscilações, pode ser breve ou longa (durar anos). As pessoas adoecem porque:

- falam, incialmente, porque querem mudar;
- depois percebem que é difícil mudar;
- para, por fim, parar de falar em mudar (procrastinar).

A procrastinação incomoda, gera ansiedade. Ao deixar a pessoa falar e entrar em contato, na maioria das vezes, ela poderá ter *insights* e, nesse processo, abrir-se para a mudança. Falo processo porque mudar um hábito ou comportamento é algo complexo e difícil – não é simples. Pense, por exemplo, quando você começou a dirigir (recém habilitado): é uma tarefa complexa lidar com tantos comandos simultaneamente, mas com o decorrer do tempo e com a prática, você vai se aprimorando e dirigir se torna um hábito. Só que leva tempo ...

Uma conversa colaborativa é uma maneira particular de conversar com as pessoas sobre mudança e crescimento, de modo a fortalecer a motivação e o compromisso que o outro assume, de modo que ele possa se empoderar de uma escolha. E para ser colaborativa, precisamos ter claro qual a ambivalência para não nos adiantarmos à prontidão ou tentar consertar o outro. A solução é escutar...

> *Sempre vejo anunciados Curso de Oratória. Nunca vi anunciado Curso de Escutatória. Todo mundo quer aprender a falar. Ninguém quer aprender a ouvir.*
>
> Rubem Alves

Postura para uma conversa colaborativa

Uma conversa colaborativa envolve um estilo evocativo, com respeito à autonomia da pessoa, uma disposição em atuar em parceria de forma compassiva para ajudar o outro a resolver sua situação. Observe na Figura 1.

Figura 1 - Postura na Entrevista Motivacional
(Miller and Rollnick, 2013)

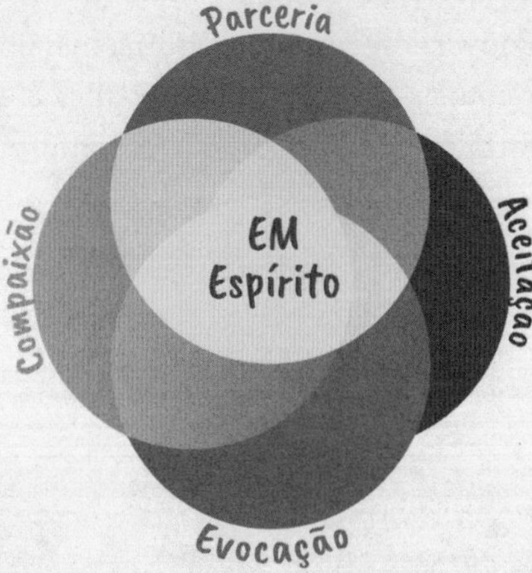

Utilizamos 4 elementos-chave para a conversa colaborativa:

- **Parceria**: colaboração entre os envolvidos.
- **Evocação**: evocar ou extrair as ideias, valores, desejos, razões e necessidades da pessoa sobre a mudança.
- **Aceitação**: enfatizar a autonomia da pessoa, ressignificando seus motivos para mudar.
- **Compaixão**: praticar a compaixão, de modo a produzir o bem-estar no outro com empatia e respeito.

Vou detalhar a seguir cada um destes elementos-chave.

Parceria

A colaboração é uma parceria entre os envolvidos, fundamentada no ponto de vista e nas experiências do outro. Isto não significa que concordamos automaticamente com a percepção do outro sobre a natureza do problema ou quais as mudanças que podem ser mais apropriadas. Embora as pessoas possam ver as coisas de formas diferentes, a conversa deve ser focada na compreensão mútua – ambos têm suas razões. Juntos, como um time, exploram o mundo da pessoa e o processo decisório é realizado em conjunto. Isso é o contrário de Confrontação

Aceitação

É importante partir do pressuposto de que o verdadeiro poder para a mudança repousa dentro da pessoa. Cito um exemplo: uma dependente grave de *crack* para de usar ao saber que está grávida. Não existe uma única "maneira correta" de mudar, há várias maneiras pelas quais a mudança pode ocorrer. Além de decidir como a mudança acontecerá, as pessoas são encorajadas a optar por uma alternativa em um "menu de opções" sobre a forma de alcançar a mudança desejada.

Cabe à pessoa acompanhar e fazer com que as suas mudanças aconteçam. Isso é capacitar a pessoa, mas também atribuir responsabilidade por suas ações.

A aceitação consiste no reconhecimento do valor absoluto que a pessoa dá aos seus argumentos e razões, na empatia acurada, no suporte à autonomia, no reforço positivo de falas em direção à mudança que envolvam posturas em prol da saúde e da integridade de vida.

> Aceitar a experiência do outro não é concordar. Aceitar é uma postura livre de juízo de valor (seja positivo ou negativo). Aí está o potencial para você ser um bom ouvinte!

Evocação

Evocar as forças que motivam a pessoa, em vez de persuadir. Evocar quer dizer lembrar, recordar. Motivação vem de "motivo", significando aquilo que pode fazer mover, motor que causa ou determina alguma coisa. A motivação é um recurso interno. A evocação ajuda a pessoa a recordar de elementos próprios e únicos que podem se tornar motivos para que haja uma mudança de comportamento.

Aquele que quer ajudar aqui procura evocar as falas de mudança: qualquer fala da pessoa que favoreça o movimento em direção a uma meta de mudança específica, ao evocar os desejos, as razões, as capacidades e as habilidades para a mudança, para por fim, tornar-se uma necessidade para a pessoa.

> A armadilha é que tratamos a mudança como uma necessidade, porque, na maioria das vezes, é uma necessidade nossa, mas para o envolvido, pode ser algo bem longe do desejo .... E se está distante do desejo, a conversa precisa se direcionar para criar o desejo, e não a necessidade.

Compaixão

A compaixão pode ser compreendida como um meio de tentar fazer o terceiro se aproximar mais verdadeiramente da pessoa, e não do problema dela. Observar que existe um sofrimento e uma motivação para ajudar. Uma vez que você consegue ter acesso à unicidade de cada um, torna-se possível uma melhor compreensão das complexidades individuais que dificultam as mudanças de comportamento. É um ato de aproximar-se para verdadeiramente ajudar: "colocar a mão na massa" JUNTO com a pessoa, e não PELA pessoa, de modo a emponderá-la.

O conceito de compaixão não está em um sentimento pessoal que a pessoa deve desenvolver pelo outro. O ser compassivo é aquele que promove ativamente o bem-estar do outro, colocando-o como prioridade **antes dele próprio**.

A palavra certa, para a pessoa certa, na hora certa!

Para realizar uma mudança, trago a imagem de uma escada: você não pode estar no topo sem antes subir os primeiros degraus. E quais degraus são esses? Observe a Figura 2.

Figura 2 - Os quatro processos fundamentais para motivar a mudança

Os processos para a mudança são recursivos: um não termina quando o próximo começa. Eles podem fluir uns para os outros, sobrepor-se e recorrer. Cada processo posterior baseia-se naqueles que foram colocados antes e continuam em progressão do anterior, como uma fundação.

No decorrer de uma conversa, pode-se também percorrer para cima e para baixo da escada, retornando a um passo anterior, que requer atenção renovada. O importante aqui é você ter claro que todos querem chegar ao topo da escada (planejamento), mas para chegar lá, é preciso antes engajar-se em uma mudança com um estilo de comunicação centrado na pessoa, envolvendo escuta empática (envolvimento e engajamento); com uma mudança particular identificada que é o tema da conversa (Foco); em que o terceiro envolve e engaja a pessoa por meio de suas próprias motivações (Evocação) para a mudança (Planejamento). Daí sim: você chegou ao final da escada!

Conheça um pouco dos elementos constituintes dessa escada.

Engajamento

O engajamento é definido como um processo de construção em uma relação de ajuda e de confiança, que busca uma solução para o problema apontado. Esta relação é pautada no respeito e na confiança mútuos. A pessoa engajada no processo de mudança é extremamente ativa dentro das suas habilidades e recursos.

Foco

A construção do foco está no desenvolvimento e na manutenção da direção específica da conversa para

a mudança. A pessoa pode estar, muitas vezes, envolta em uma série de acontecimentos e sua tendência pode ser a de se concentrar nos sintomas ou nos fatos mais recentes que o levaram até ali, subvalorizando ou até mesmo desconhecendo o fator "causa". Cabe aquele que se dispõe a ajudar manter o foco para que a conversa não se perca no meio do caminho. Aqui espera-se que a ambivalência esteja definida, pois ela será o foco da mudança.

Evocação

Evocar consiste no movimento de extrair da pessoa desejos, habilidades, razões e necessidades ao propósito de mudança. Todas as conclusões ou caminhos a serem percorridos devem ser uma conclusão que a pessoa alcança sozinha, com o auxílio daquele que quer ajudar, e não com a sua indução. Aqui, cabe evocar valores pessoais que fazem com que a pessoa queira mudar.

Não existe um ser humano que esteja desmotivado: reconhecer valores e objetivos traz valiosos recursos para que o cliente possa começar a construir o seu projeto de vida. Esta construção envolve a resolução da ambivalência: reflexão sobre os valores da vida da pessoa, permitindo perceber a discrepância entre a pessoa que gostaria de ser e a pessoa que é.

Seguem algumas perguntas abertas que podem ajudar a evocar:

- O que isso significa para você?
- Como você gostaria que as coisas fossem?
- Faça um resumo da situação e pergunte: Quando você olha para você, o que vê?
- Se você estivesse dando um conselho a si mesmo agora, o que falaria?

- Coisas boas e não tão boas da mudança.
- Explorar preocupações (saúde – família – profissional – lazer – financeiro – estudo – religião – outras).
- Evocar informações sobre o que fazia no passado e o que pretende fazer no futuro.
- Perguntar à pessoa o quão importante para ela é mudar e o quão confiante ela se sente.

Permito-me aqui citar dois baralhos que podem ajudar na evocação com usuários de substâncias psicoativas:

1. **Baralho de Valores Pessoais**: contém 100 cartas com valores pessoais e 5 cartas de classificação em importância com o objetivo de incentivar a exploração de valores pessoais, de modo a eliciar a fala de mudança, que é precursora da modificação de comportamentos. Reconhecer valores e objetivos traz valiosos recursos para que a pessoa possa começar a construir o seu projeto de vida e, dessa forma, compromissar-se com as mudanças necessárias, de modo a atingir seus objetivos. Esta construção envolve a resolução da ambivalência, uma vez que a reflexão sobre os valores da vida do cliente, permite que ele possa demonstrar a discrepância entre a pessoa que ele gostaria de ser e a pessoa que ele tem sido.

   Figlie, Neliana (2021). *Baralho de valores pessoais*. Artesã. https://www.artesaeditora.com.br/produto/valores-pessoais/

2. **Oráculo da Prevenção**: o *Oráculo de Prevenção: Guia Prático* é um jogo interativo, composto por um livro de 191 páginas e um baralho com 103 cartas, que tem como proposta estabelecer, num primeiro momento, um ambiente para que sejam conversados de forma leve e lúdica diversos assuntos relacionados

à prevenção e ao uso de drogas. Existem fatores de risco e de proteção ao uso de drogas, presentes na escola, na família, na própria pessoa ou no ambiente de trabalho. As cartas abordam os fatores de risco e de proteção, de modo que a pessoa possa criar estratégias para usar seus fatores de proteção e enfrentar os fatores de risco.

Figlie, Neliana, Guimaraes, Livia, e colaboradores (2018). *Oráculo de Prevenção: Guia Prático.* Artesã. https://www.artesaeditora.com.br/produto/oraculo-de-prevencao-guia-pratico-um-jogo-interativo-para-desconstruir/

Planejamento

O planejamento está na construção do movimento de "quando" e "como" mudar. Tomando como base a prontidão para a mudança, há um momento em que a pessoa diminui os seus questionamentos e começa a se preparar para uma tomada de atitude. Neste momento, o **planejamento é fundamental, uma vez que desenvolve a formulação de um plano de ação específico, de modo a encorajar a pessoa a aumentar seu compromisso com a mudança. Vale ressaltar que o planejamento não deve ser prescrito, e sim, evocado da pessoa**; da mesma forma, não deve ser pontual e deve ser sempre revisto – por isso, ele é o processo final. A armadilha é que grande parte das pessoas que tentam ajudar começam pelo planejamento da mudança (como mudar), e se a pessoa não estiver engajada, com um foco definido e com a clareza das habilidades para realizar a mudança, dificilmente ela conseguirá executar o plano. Mais adiante no texto, você encontrará um modelo de plano de mudança.

Pense como você vai falar

> Quando você genuinamente se dedica a ouvir, as pessoas sentem que você passou mais tempo com eles do que realmente aconteceu.

Algumas habilidades devem ser treinadas e cultivadas para desenvolvermos uma conversa colaborativa. Algumas estratégias foram criadas para facilitar e reforçar essa conversa, tais como: utilizar reflexões, reforços positivos, resumos, oferecimento de informações e perguntas abertas. Podemos utilizar todas estas habilidades, mas é importantíssimo fazer menos perguntas e usar mais as outras estratégias, se possível, em uma relação de no mínimo 2:1, ou seja, a cada pergunta aberta feita, seria interessante utilizar reflexões, reforços positivos ou mesmo um resumo na sequência. Neste contexto, as perguntas são utilizadas em menor proporção, pois é esperado que todas as outras estratégias possam gerar mais falas na pessoa, de modo que ela fale mais que aquele que quer ajudar. Deste modo, surge mais material para aquele que ajuda compreender a pessoa, além de reforçar a pessoa como própria protagonista de sua vida.

Vou discorrer, a seguir, cada uma das habilidades:

Fazer Perguntas Abertas

Uma boa maneira de começar uma conversa é fazer perguntas, de modo que encoraje o outro a falar o máximo possível. As perguntas abertas são aquelas que não podem ser respondidas facilmente com uma palavra ou frase simples.

Veja alguns exemplos de perguntas iniciais:

- Você poderia falar um pouco mais sobre esse comportamento?
- Me conte o que você fez para ficar abstinente por uma semana?

O objetivo principal de uma pergunta aberta é abrir uma comunicação, fortalecendo e encorajando a autonomia da pessoa, dando a possibilidade de ela falar o que deseja.

> Perguntar e escutar não são a mesma coisa:
> - Perguntar envolve investigar.
> - Escutar envolve acolher.

Refletir

Trata-se da principal estratégia na conversa colaborativa, e deve constituir uma proporção substancial durante o início da conversa. O elemento crucial na escuta reflexiva é como você responde ao que a pessoa lhe diz. **Ao refletir, você se coloca na relação, mas ao mesmo tempo, deve ser fiel ao que o outro disse, exigindo a neutralidade de refletir integralmente o que a pessoa disse.** Exemplo: "Então, você está me dizendo que não vai parar de fumar".

Se a pessoa expressa concordância, não apresenta postura defensiva, abre espaço para falar mais e apresenta uma postura verbal mais relaxada ou motivada, esses são sinais de que a reflexão foi efetiva. Por outro lado, se a pessoa começa advertir ou ameaçar, persuadir, argumentar, discordar, julgar, criticar ou culpar, retrair, distrair, ser indulgente ou mudar de assunto, esses são indicativos claros de que a reflexão não foi efetiva, e cabe reformular. Avaliar a comunicação não verbal mediante à recepção da reflexão também é imprescindível.

> Lembre-se! Reflexão é como refletir a sua imagem no espelho: é uma afirmação.

Veja alguns exemplos de reflexões:

- **Usuário de SPA (substâncias psicoativas)**: Quero parar de beber, mas tenho muito tempo livre ultimamente.

  Reflexão: Você está me dizendo que quer parar de beber, mas tem muito tempo livre.
- **Usuário de SPA**: Eu não tenho problemas com a maconha, todos os meus amigos fumam. Meus pais têm que entender que eu paro a hora que eu quiser!

  Reflexão: Então, você quer dizer que não tem problemas com a maconha e que a preocupação de seus pais com você não é necessária.
- **Usuário de SPA**: Eu não consigo parar de beber.

  Reflexão: Entendo que esta situação lhe desanima e faz você se sentir impotente perante a bebida.

Afirmação - Reforço Positivo

O reforço positivo também tem seu lugar de destaque na conversa colaborativa, sendo uma de suas peculiaridades.

Pode ser realizado por meio de oferecimento de apreciação, reforçamento positivo e compreensão, que endossa qualidades, valores, habilidades e as forças positivas da pessoa. Seguem alguns exemplos:

- Sua força de vontade e determinação fez você chegar até aqui!
- Você está determinado a tentar ser um pai melhor e se recuperar dessa doença.
- Você se manteve sob enorme pressão nesta semana. Isso mostra o quanto a sua saúde é importante para você!

O reforço positivo é uma forma de apoio autêntico, de incentivo e de verdadeiro reconhecimento daquilo que há de valor em cada ser humano – e não apenas um meio de oferecer um mero elogio. O reforço positivo deve ser genuíno. Mas atenção: cuidado para reforçar algo que não seja verdadeiro, pois funcionará como um bloqueio na comunicação.

Resumo

Resumos são conjuntos de reflexões e afirmações que podem ser utilizados para conectar os assuntos discutidos, demonstrando que você escutou o outro, além de funcionar como estratégia didática para que a pessoa possa organizar suas ideias. Os resumos oferecem *links* entre os conteúdos presentes e aqueles que foram discutidos anteriormente, que podem ser utilizados em vários momentos da conversa.

Veja o exemplo a seguir:

Profissional: *Se você me permite, eu gostaria de fazer um resumo do que foi falado até então.*

João: Ok!

Profissional: *Hoje você chegou relatando, por vezes, quando você bebe um pouco a mais, torna-se agressivo com seu filho e acaba fazendo coisas com ele, que se arrepende depois. Isto tudo lembra como você era tratado pelo seu pai e não deseja que seu filho seja tratado da mesma forma.*

Você trouxe a preocupação com o seu hábito de beber e como ter um melhor relacionamento familiar. Compreendo que você demonstra a intenção de mudar.

Desta forma, ao final de uma série de informações que foram trocadas na conversa, a pessoa estará apta para trabalhar as ideias de uma forma mais organizada e interconectada e, a partir disso, extrair pontos que sejam relevantes.

> Um bom resumo é uma prova de que você escutou ativamente a pessoa!

Informar e Aconselhar

Quando nos deparamos com uma pessoa que não sabe como resolver um problema, nossa tendência é sugerir. Informações e conselhos são importantes e complementares ao processo de mudança, mas desacelere: antes ouça muito! A sugestão aqui é pedir permissão ao informar e aconselhar. Exemplos:

- "Se você me permite, gostaria de fazer algumas sugestões sobre como você pode resolver essa situação".
- "Se você me permite, gostaria de te dizer como outras pessoas na sua situação fizeram essa mudança".

Considere a quantidade de informação: algumas pessoas querem saber exatamente o que devem esperar e o fato de ter as informações detalhadas reduz a sua perturbação. Outras, preferem saber o mínimo possível, porque o fato de terem muitas informações as assustam ou diminui a confiança de que conseguirão realizar a mudança. A ideia é dar o recado de modo acessível, combinando escuta com uma checagem de que as informações estão sendo produtivas, e não estão gerando sentimentos negativos como medo, raiva, impotência ou ansiedade, por exemplo.

Resumidamente, uma forma efetiva de introduzir as informações é:

1) Evocar o que o outro sabe sobre o que você necessita informar.
2) Na sequência, pedir permissão para informar.
3) Informar.
4) Por fim, checar a compreensão do outro e esclarecer dúvidas, se ainda existirem.

> Fornecer informações é uma descrição inadequada que acontece em uma conversa colaborativa: troca de informações é um termo mais preciso.

Comprometimento com a Mudança

No momento em que a pessoa estiver determinada a mudar, faz-se necessário fortalecer o seu compromisso. Nesta fase, existe uma prontidão para mudar, e o principal objetivo é auxiliar a confirmar e justificar a decisão de mudança. Para tal, é importante reconhecer alguns sinais indicativos de prontidão para a mudança, os quais são descritos a seguir:

- Reconhece a disposição para a mudança.
- Menor resistência: a pessoa para de argumentar, negar, interromper.
- Menos perguntas sobre o problema: existe uma sensação de conclusão.
- Resolução: a conversa é calma, por já ter tomado uma decisão.
- Surgem afirmações que refletem o reconhecimento do problema, a preocupação, a abertura à mudança e o otimismo.
- Mais perguntas sobre a mudança: pergunta o que pode fazer, como mudar.
- Visualização do futuro: falas sobre como a vida poderia ser após a mudança, antecipação das dificuldades se a mudança fosse feita ou discussão das vantagens de mudar.
- Experimentação: a pessoa pode começar a experimentar hábitos e estilos de relacionamento diferentes.

Nessa fase, você pode negociar um plano de mudança, incentivando a elaboração de um compromisso. Ao atingir esta fase, podemos afirmar que a mudança está bem próxima. A partir daqui o seu papel é ser um facilitador.

Sugestão de Plano de Mudança

Preencher ou conversar sobre os tópicos abaixo pode ajudar na organização de um plano de ação em direção à modificação de um hábito de consumo de substâncias:

- As mudanças que quero fazer são:
- As razões são:
- Os passos que planejo para realizar a mudança são:
- Outras pessoas que podem me ajudar são:
- Algumas coisas/pessoas que poderiam interferir em meus planos:
- Saberei que o meu plano está funcionando se:

Qual tratamento funciona?

Quando falamos em tratamento para o Transtorno por Uso de Substâncias (TUS), temos como objetivo mais amplo a interrupção do uso de substâncias para que as pessoas tenham uma vida produtiva na família, no trabalho e dentro de sua comunidade.

O grande desafio está relacionado à manutenção das pessoas em tratamento até que estes objetivos tenham sido alcançados, porque parar de usar é o primeiro passo: manter a abstinência é o passo mais desafiador e importante.

Pessoas com problemas de uso de substâncias tendem a recair no uso e se afastar dos tratamentos. Por isso, é fundamental escolher ou desenhar um tratamento que atenda às necessidades específicas de cada pessoa.

> Nem o melhor tratamento vai funcionar se a pessoa não se engajar. Não existe um tratamento "tamanho único", ou seja, aquele que serve para todas as pessoas. Pessoas diferentes precisam de abordagens diferentes para a solução de seu problema com o uso de substâncias.

Tratamento baseado em evidências

A escolha do melhor tratamento vai depender de alguns fatores, como: natureza e gravidade dos problemas da pessoa, tipo de rede de apoio que a pessoa tem, disponibilidade de serviços adicionais ao tratamento principal, entre outros. A própria recaída pode ser um indicativo importante de que o tratamento precisa ser avaliado e redesenhado para uma possível prevenção mais segura no caminho que se segue. Resultados positivos têm sido obtidos com tratamentos medicamentosos (sempre com acompanhamento de médico especialista) e com tratamentos psicológicos (também realizados com psicólogos especialistas em dependência química), usados de forma individual ou com melhores resultados quando utilizados de forma combinada.

Na Psicoterapia, a abordagem cognitiva-comportamental tem sido apontada como padrão-ouro nos tratamentos para TUS. Há evidências de que uma pessoa interrompe o uso, quando ela muda o que ela pensa sobre a substância utilizada e quando descobre outras formas, mais saudáveis, de lidar com suas dificuldades e vulnerabilidades, que não o uso de substâncias. A Entrevista Motivacional também tem seu lugar de destaque com efetividade na intervenção terapêutica: os profissionais que a utilizam quadriplicam as chances de engajamento dos pacientes nos tratamentos e, com isso, a manutenção do comportamento modificado se estabiliza.

Grupos de Autoajuda

Os grupos de autoajuda (NA – Narcóticos Anônimos, AA – Alcoólicos Anônimos, AAESP – Associação Anti Alcoólica do Estado de São Paulo) funcionam também com resultados muito positivos, principalmente quando a pessoa que busca ajuda não tem outra morbidade (outro diagnóstico psiquiátrico), ou seja, casos em que o TUS é o único problema psiquiátrico e/ou para aqueles que fazem o tratamento médico combinado com os grupos de autoajuda. Estes grupos são gratuitos e também existem grupos destinados aos familiares: ALANON, NARANON, Amor exigente.

O depoimento é o instrumento terapêutico maior dos grupos de autoajuda. Os participantes voluntariamente expõem suas experiências, dificuldades, conquistas e sofrimentos relacionados ao consumo de substâncias psicoativas. O espaço não permite julgamentos ou interpretações acerca dos depoimentos apresentados. No entanto, outros membros, igualmente por meio de depoimentos pessoais (técnica do espelho), podem concordar, discordar, solidarizar-se ou apresentar soluções ao companheiro. Ninguém é obrigado a falar e aceita-se que um novo membro permaneça em silêncio por várias sessões.

O propósito é galgar pequenas metas ("um dia de cada vez") e manter-se sóbrio "só por hoje". Períodos de sobriedade são lembrados, comemorados e condecorados com fichas de sobriedade, dentro de cerimônias especialmente dedicadas à sua entrega. O modelo dos Doze Passos pode ser aplicado em qualquer ambiente de tratamento ou caminhar juntamente com qualquer outra modalidade de tratamento.

Internação

Muitos acreditam que a recuperação somente é possível com a internação. A internação pode ser indicada em casos em que a pessoa queira, em que há risco de vida ou risco de segurança. Existem internações direcionadas à desintoxicação e à estabilização das comorbidades físicas e de saúde mental, que geralmente duram de 15 a 45 dias em ambiente com equipe de profissionais de saúde, em clínicas especializadas ou hospitais. Existem as comunidades terapêuticas (CT) que são ambientes de internação especializados, que oferecem programas de tratamento estruturados e intensivos, em ambiente protegido, com encaminhamento posterior para internação parcial e/ou seguimento ambulatorial, conforme as necessidades do paciente. Nelas, aprende-se a abordar as pequenas crises surgidas em toda vida de grupo não como empecilhos que se devem desprezar, mas como situações de aprendizagem na vida prática. O tempo de internação nas CTs tende a ser mais longo. Mas sempre é importante antes de qualquer internação procurar a opinião de um médico ou especialista em TUS.

O hospital geral também é um espaço destinado à motivação para o tratamento de indivíduos que o procuram devido a complicações relacionadas ao consumo de álcool, tabaco e outras drogas. As salas de emergência com frequência recebem pacientes acometidos pela síndrome de abstinência do álcool e *delirium tremens*. Outras situações possíveis nesse ambiente são os indivíduos admitidos em decorrência de acidentes automobilísticos ou de trabalho após o consumo de álcool e outras drogas, quadros ansiosos agudos, anginas e infartos decorrentes do uso de estimulantes, etc.

Moradia Assistida

A falta de uma residência representa um sério empecilho à reintegração social de qualquer indivíduo e, para esses casos, a **moradia assistida** é uma opção de tratamento. Desse modo, a sua função é proporcionar um ambiente estável e protegido para dependentes em recuperação. Com a garantia de um teto, a pessoa poderá se dedicar com mais tranquilidade à reorganização de sua vida. Além disso, o convívio dentro do programa estimula e promove a interação com outros moradores, o gerenciamento do tempo e do dinheiro, a aquisição de novas responsabilidades (consigo e com outrem) e o estabelecimento de prioridades e objetivos realistas. A moradia assistida não interfere na circulação diária do dependente. Ela funciona como um albergue, porém, com uma estrutura de hotelaria bem mais adequada e individualizada.

Hospital-Dia

O hospital-dia é um ambiente tradicionalmente utilizado para o tratamento da dependência química. Pode ser intensivo (frequência diária e integral), intermediário (algumas vezes por semana integral ou parcial) ou "quase-ambulatoriais" (com visitas semanais por meio período). O hospital-dia atua positivamente e com mais rapidez na evolução de quadros agudos, com a vantagem de não excluir a pessoa de seus grupos de convívio, com o apoio de uma equipe de saúde.

As avaliações durante o tratamento devem ser constantes, e o tratamento pode e deve mudar, assim como as necessidades do indivíduo também vão se modificando ao longo do tratamento. Tratamentos que seguem um protocolo rígido podem não atender às necessidades individuais que mudam à medida em que a pessoa vai progredindo no tratamento.

Existem várias possibilidades de tratamento e é importante que a pessoa permaneça nele por um período adequado. Tratamentos muito curtos podem não contemplar todas as necessidades no sentido de que ela desenvolva as estratégias necessárias para o enfrentamento do problema que é o TUS. Por outro lado, tratamentos muito longos também podem não ser efetivos, pois a ideia é que a pessoa seja independente e alcance a sua autonomia.

Vale destacar que a fé ou a religião para algumas pessoas é um importante fator de proteção, que pode funcionar como um coadjuvante importante no tratamento. No entanto, devo ressaltar que é algo muito íntimo e subjetivo: não deve ser imposta, porque ao ser imposta, pode se tornar uma persuasão e daí ser contraproducente.

Por fim, é importante ter em mente que um tratamento para o TUS não tem um fim delimitado à medida que a pessoa deve seguir vigilante para manter a sua sobriedade. Embora a pessoa possa não estar mais ligada a um serviço de tratamento, os cuidados e a manutenção das estratégias de enfrentamento deverão estar presentes por muito tempo em sua vida, até de que esta tenha mudado completamente, e o espaço que antes era preenchido pela substância esteja ocupado por outras atividades prazerosas e de vida.

Considerações Finais

Um estilo confrontativo na relação tende a produzir mais "resistência". Estilos confrontativos incluem pessoas desafiadoras num extremo que defendem um tratamento e/ou a abstinência, mas que também incluí a ideia de que a pessoa é um problema. Visualizar que a pessoa tem um problema e você está disposto a ajudar é acolhedor, e não precisa de confrontação. A escuta empática, sem julgamento e centrada na pessoa, reduz a resistência, e é sabido que quanto menos resistência, melhores serão os resultados. Quem confronta, em geral, ama e se ama, então, pense: é melhor conversar e mostrar seu cuidado e amor do que confrontar.

Todo este material foi elaborado com base na Entrevista Motivacional, que é um estilo de comunicação centrado na pessoa, pautado na utilização de habilidades de aconselhamento empáticas, com o objetivo de aumentar a motivação para explorar e resolver ambivalência, enfatizando a importância da escuta para o engajamento em um processo de mudança. A mensagem é: saiba ouvir e escolha com atenção o momento de falar. Nem sempre falar em demasia garante o melhor resultado. Falar pouco, com consistência e com informações importantes faz com que a conversa tenha fluidez e seja produtiva.

Eu termino com um dito popular que ilustra a essência do que é uma conversa colaborativa que motiva a mudança, com o intuito de retirar as drogas do lugar de "pessoas abusadoras" na relação (como fora citado no capítulo 1):

> *Se deres um peixe a um homem faminto,*
> *vais alimentá-lo por um dia.*
> *Se o ensinares a pescar, vai*
> *alimentá-lo por toda a vida.*
> Lao-Tsé

Referências

Figlie, N. B. (2017). Entrevista Motivacional com Famílias. In Payá, R. (Org.). *Intervenções Familiares para abuso e dependência de álcool e outras drogas* (1ª ed., Cap. 6, pp. 87-101). Rio de janeiro, RJ: Gen.

Figlie, N. B. (2021). *Baralho de Valores Pessoais*. Belo Horizonte, MG: Ed. Artesã.

Figlie, N. B., & Caverni, J. L. T. (2021). Motivational Interviewing in the Treatment of Substance Dependents: Clinical

Fundamentals for Increased Adherence to Treatment. In Andrade, A. L. M., De Micheli, D., Silva, E. A., Reichert, R. A. (Org). *Drugs and Human Behavior Biopsychosocial Aspects of Psychotropic Substances Use* (1ª ed, Chapter 18, pp. 261-274). Switzerland, Cham: Springer Nature.

Figlie, N. B.; Diehl, A. (2014). Preven*ção ao uso de álcool, tabaco e outras drogas: o que e como fazer?* Porto Alegre, RGS: Artmed.

Figlie, N. B., Guimaraes, L. V., Selma, B., Laranjeira, R. (2015). Entrevista Motivacional. In Figlie, N. B., Selma, B., & Laranjeira, R. (Org). *Aconselhamento em Dependência Química* (3ª ed., Cap. 20, pp. 195-219). São Paulo, SP: Grupo Gen.

Guimarães, L. P., & Figlie, N. B. (2018). *Oráculo da Prevenção: guia prático.* Belo Horizonte, MG: Ed. Artesã.

Miller, W. R., & Rollnick, S. (2013). *Motivational Interview – helping people change* (3. ed.). New York, NY: The Guilford Press.

Ribeiro, M. (2015). Organização de Serviços de Tratamento para Dependência Química. In Figlie, N. B., Selma, B., & Laranjeira, R. (Org). *Aconselhamento em Dependência Química* (3ª ed., Cap. 39, pp. 466-489). São Paulo, SP: Grupo Gen.

Rollnick, S., Miller, W. R., & Butler, C. C. (2022). *Motivational interviewing in health care: Helping patients change behavior.* New York, NY: The Guilford Press.

Zanelatto, N., & Figlie, N. B. (2020). *Compreendendo o Transtorno por uso de substâncias.* São Paulo, SP: Centro de Terapia Cognitiva Veda. https://nelianafiglie.com.br/livros/ebook-compreendendo-o-transtorno-por-uso-de-substancias/

CAPÍTULO 4

Armadilhas de Pensamento: de onde vêm e para onde nos levam

Neide A. Zanelatto[1]

É comum comentar que quando a cabeça não pensa o corpo padece. E este ditado pode ser adaptado às nossas relações amorosas, familiares e interpessoais. Parece que quando estamos apaixonados, como já dissemos antes, a cabeça para de funcionar, o foco se mantém só no relacionamento, e mesmo que ele não esteja funcionando mais, ou nos causando problemas, simplesmente não conseguimos sair dele, ou dizer não, fazer outras escolhas e seguir em frente. A pergunta é: por que isto acontece?

Uma vez, durante uma consulta, uma paciente, enquanto discutíamos o porquê de se pensar de uma ou outra forma, disse-me que a cabeça dela entendia o que eu falava, mas o coração não. Ou seja, por mais que ela avaliasse o pensamento e ele parecesse distorcido ou irrealista, ela ainda pensava do jeito original, antes da avaliação.

Por que não conseguimos decidir de forma mais racional diante de algumas questões que envolvem as nossas relações afetivas? O que nos prende a estes relacionamentos

---

[1] Psicóloga Clínica com Aperfeiçoamento em Terapias Cognitivas. Especialista em Dependência Química pela UNIAD-UNIFESP. Mestre em Psicologia da Saúde pela UMESP-SP. Coordenadora e Docente de Cursos da UPPSI – Unidade de Aperfeiçoamento Profissional em Psicologia e Psiquiatria.

ou que nos move para sairmos deste tipo de relação quando ela nos prejudica? E quando nos referimos às relações com nossos filhos, por quais razões tomamos uma ou outra atitude e por que, muitas vezes, depois de tomar uma determinada atitude que nos pareceu correta no momento, vamos dormir com uma carga de culpa que temos dificuldade em carregar?

Por que, em algumas situações, sentimo-nos inundados por pensamentos relativos a pessoas ou a pessoas com as quais convivemos e passamos a viver a vida delas e deixamos completamente a nossa vida de lado? Estas e outras perguntas são consideradas a partir de agora, e esperamos lhe ajudar a respondê-las de uma forma bem funcional.

Como o pensamento afeta os sentimentos e os comportamentos

De acordo com algumas teorias, aquilo que pensamos determina o que sentimos e como nos comportamos. Uma destas teorias é denominada Teoria Cognitivo Comportamental, que hoje é reconhecida como padrão ouro no tratamento de alguns transtornos psiquiátricos e, dentre eles, o Transtorno por Uso de Substância. É sabido também que o comportamento familiar pode tanto auxiliar na adesão ao tratamento quanto afastar o familiar dependente de qualquer possibilidade de ajuda. Na maioria das vezes, a família não tem esta intenção, mas a dificuldade na relação com este familiar faz com que as ações e comportamentos da família leve ao desenrolar do processo de tratamento para um ou para outro caminho. Sabemos também que o caminho que leva ao tratamento e à futura recuperação (processo em que o indivíduo consegue recuperar as estratégias ou comportamentos que ele usava para lidar com suas vulnerabilidades antes de desenvolver a compulsão pelo uso da substância) pode ser longo e recheado de idas e vindas, mas a paciência, a tolerância e principalmente a persistência num único objetivo, que é o do manejo do TUS, determinarão o alcance da meta.

Partindo do pressuposto de que aquilo que pensamos determina o que sentimos e fazemos, nossa primeira pergunta é:

- O que você, como família, como amigo ou como parceiro, pensa do problema da pessoa que tem TUS?
- Seus pensamentos em relação a ele são positivos ou negativos?
- Tem conteúdo moral ou não?
- Confunde o que a pessoa é com o que a pessoa tem?
- Num primeiro momento, você conseguiria separar a pessoa do problema que ela tem ou você tem a sensação de que estas duas coisas estão misturadas?

As respostas a estas perguntas nos guiarão por caminhos que, ou auxiliarão na adesão ao tratamento, ou afastarão a pessoa do caminho da conscientização do problema e do consequente pedido de ajuda.

> Separar a pessoa, do problema
> que a pessoa tem.
> Eis o primeiro desafio!

Mudando o pensamento

Como eu mudo meu pensamento?

Há uma regra para fazer isto?

Devo pensar de forma positiva?

Como deve ser o pensamento correto, se é que existe um pensamento correto?

O pensamento pode ser mudado quando é identificado e avaliado. Na maioria das vezes, não estamos atentos aos nossos pensamentos, nem percebemos que o que pensamos interfere nos nossos sentimentos e comportamentos. Só percebemos isso quando paramos, identificamos nossos pensamentos e ficamos atentos ao comportamento que vem em seguida. Por exemplo: sempre que temos a sensação de que uma regra interna foi quebrada, vem a sensação de raiva. Diante de um pneu furado, quando você está atrasada para uma reunião: "Isto não poderia ter acontecido!". O sentimento será de indignação e um chute no pneu pode ser o comportamento decorrente.

O modelo cognitivo comportamental pressupõe que o pensamento mais funcional, mais realista, e que gera mais consequências positivas é o pensamento baseado em evidências de realidade (não é o pensamento dito positivo, mas sim um pensamento realista). Um exemplo de pensamento positivo, que não é realista: um indivíduo diante de uma máquina de caça níqueis, que já perdeu muito naquela noite: "Já perdi muito hoje, então chegou a minha hora de ganhar. Eu vou ganhar agora...".

Então, como ter um pensamento funcional? O pensamento, uma vez identificado, deve ser avaliado segundo as evidências de realidade, e você pode fazer perguntas a este pensamento para verificar o quanto ele é válido. Diante de um pneu furado, já atrasada para reunião, o seguinte pensamento alternativo poderia gerar uma emoção mais funcional: "É realmente uma pena que isto tenha acontecido, e com certeza vai me atrasar para a reunião, no entanto, estas coisas estão fora do meu controle, e podem acontecer com qualquer um".

Sempre que identificar um pensamento, faça um desafio, usando as seguintes perguntas:

a) Quais são as evidências a favor deste pensamento? O que demonstra que ele pode ser verdadeiro? Eu tenho provas?
b) Quais são as evidências ou probabilidades deste pensamento não ser verdadeiro? Ou seja, eu não tenho nenhuma prova de que ele possa ser verdadeiro?
c) Será que estou cometendo um erro específico de pensamento? Será que eu sempre penso desta forma? Qual é o efeito de eu pensar desta forma?
d) Como pensaria uma outra pessoa na mesma situação em que me encontro no momento?
e) E se um amigo meu estivesse passando pela mesma situação em que me encontro, e me pedisse um conselho, eu diria para ele aquilo que estou pensando agora?
f) Há uma outra forma de pensar, neste caso específico, que poderia ser mais realista? Eu poderia ampliar minha forma de pensar sobre o assunto?
g) O que eu poderia pensar ou fazer neste momento, de modo que eu conseguisse lidar com este pensamento?

Estas são as principais perguntas, fazer perguntas àqueles pensamentos que nos perturbam, que mudam claramente nossos sentimentos, nos ajuda a ter pensamentos mais realistas ou funcionais no futuro, diminuindo a frequência do surgimento dos pensamentos distorcidos.

Outro aspecto importante quando se fala de avaliação do pensamento, diz respeito à sua utilidade. A utilidade do pensamento pode ser avaliada determinando o efeito do pensamento ou questionando as vantagens e desvantagens de continuar a ter o pensamento. Porque estou pensando sobre isto? No que pensar sobre esta questão me ajuda ou me atrapalha? Quando penso sobre isto, vejo uma consequência clara de que porque eu pensei de determinada forma, algo aconteceu?

Pensamentos não são fatos!

Podemos dividir, a título de organização, nossos pensamentos a respeito do portador do TUS, do tratamento que ele faz ou deveria fazer, de nós próprios em relação a ele, e do futuro deste indivíduo. É evidente que nossos pensamentos abarcam muito mais do que estas áreas. No entanto, vamos nos deter naqueles pensamentos mais comuns neste momento e em suas consequências.

1. Quem é o meu familiar (filho, esposo, pai, mãe, etc..) que usa substâncias?

- Ele é um sem vergonha que não para porque não quer.
- Ele usa substância por opção, experimentou porque quis.
- Ela não deveria beber, mas não quer parar porque se parar vai ter que assumir as responsabilidades.
- Ele usa droga para me maltratar, para me deixar preocupada de propósito.
- Se fosse um menino, tudo bem, mas uma menina!!!! Vai ser confundida com uma mulher de rua.
- Pau que nasce torto, morre torto!

É importante notar que todos os pensamentos citados tem um erro básico: a colocação de um rótulo na pessoa que tem problemas com TUS. Quando rotulamos, falamos da pessoa, e não do comportamento dela. Quando falamos da pessoa, nós nos aproximamos muito da situação, e para compreendermos o que realmente vemos, seria preciso estarmos mais distanciados da situação.

- O que mudaria se você pensasse no comportamento de uso desta pessoa?

Você poderia pensar: ela não consegue parar, porque tem sintomas de abstinência. Ela experimentou quando era adolescente, e nesta época as pessoas são vulneráveis. Ela não tem problemas com responsabilidades, mas quando bebe fica comprometido. O uso de substâncias é um problema dela e não está relacionado com o que ela sente por mim. Meninos ou meninas tem a mesma chance de se envolver com substâncias.

> *O que perturba as pessoas não são os fatos, mas a interpretação que elas fazem dos fatos.*
>
> Epiteto, séc. I.

- Isto mudaria o que você sente no momento?
- E quanto ao seu comportamento?
- Será que pensando desta forma, você conseguiria acolher seu familiar quando ele lhe procurasse para uma conversa?
- Sua raiva seria menor?
- Seu envolvimento seria maior?

Escreva aqui, se você puder, quem você pensa realmente que seu familiar é, e como o problema do uso de substâncias afetou a vida dele. Procure separar quem é a pessoa com quem você convive do tipo de problema que ela está apresentando. Tente voltar ao passado, lembrar-se desta pessoa antes do uso e ver como isso pode ajudar-lhe.

____

____

____

____

____

____

Como se sente agora? Que nota você daria para a sua esperança neste momento?

Nota: ________________________________

2. Será que o tratamento vai funcionar?

Uma pergunta que sempre está em nossa cabeça, diz respeito ao tratamento.

- Qual tratamento devo procurar?
- Em quanto tempo meu familiar estará curado?

A postura do familiar em relação ao tratamento também é de fundamental importância para um desfecho positivo, ou ainda, para a adesão ou não ao tratamento.

Cometemos erros de pensamento quando imaginamos que o tratamento vai solucionar todos os problemas da pessoa de uma vez e que, submetida à intervenção (seja de internação ou ambulatorial), ela se tornará uma outra pessoa.

- Qual a chance de uma intervenção psicoterápica ou medicamentosa mudar uma pessoa?
- Qual a nossa expectativa em relação a isso?

À medida em que externamos nossas expectativas irrealistas aos nossos familiares, podemos alterar o nível de motivação deles com o tratamento. É comum que famílias com familiares dependentes com mais de um tipo de morbidade (mais de um transtorno psiquiátrico associado ao TUS) tenha uma expectativa de que, ao sair do tratamento, a pessoa tenha conseguido manejar todas as situações de risco para recaída, e isso nem sempre é verdade. Tratamentos para transtornos diferentes exigem intervenções diferentes.

Um pensamento comum com relação à internação, seja ela breve ou mais longa, é de que ela seja o tratamento necessário, de modo que, pensando assim, ao final da internação, há também o final do tratamento. Na realidade, a internação para desintoxicação ou mesmo para prevenção de uma recaída imediata, é apenas o primeiro passo do tratamento. Uma pessoa sóbria, não intoxicada, e muitas vezes medicada de forma adequada, tem muito mais chances de iniciar e manter um tratamento, medicamentoso ou psicoterápico, e assim prevenir uma recaída.

Para que usar medicação se não existe medicação específica para o tratamento do TUS? A mudança pode ser vista como um passe de mágica, embora saibamos que ela é um processo. Vale a pena saber que, para a mágica acontecer, muita coisa está por trás do que se está vendo. A medicação é parte desta mágica. Quando vemos o mágico de frente, temos uma percepção, mas como seria ver o número de mágica, se pudéssemos ver o mágico de costas? As informações sobre o tratamento podem ajudar a termos um pensamento mais funcional sobre este aspecto, de modo que, nossos comentários e nossas expectativas sobre ele sejam mais realistas.

- O que você pensa sobre o tratamento ao qual seu familiar está sendo submetido?
- Você pensa que vai funcionar?
- Que não adianta mais tentar?
- Que é a última chance que ele terá, ou aproveita esta ou não terá mais nada?

Acredite que, se você pensa desta forma, sua postura e sua comunicação expressarão seu pensamento para seu familiar, e isso poderá influenciar o quanto ele adere ou não ao tratamento.

- Você poderia escrever aqui o que pensa do tratamento ao qual se submete ou submeterá seu familiar?

____

____

____

____

____

- Este pensamento é realista?
- Use as perguntas que fizemos para avaliar a validade deste pensamento, e qual a sua utilidade.
- Qual seria o efeito deste pensamento se o seu familiar o conhecesse?
- Poderia influenciar na forma como ele participa do tratamento ou não?

- E você, como se sente, pensando da forma que está pensando?
- Como está a sua esperança agora?
- Vamos reavaliar?

Nota: ______________________________

Celebre as pequenas vitórias!

3. O que pensamos sobre nós em relação ao problema do TUS?

Uma grande parte das vezes acabamos misturando o que está acontecendo com o outro familiar e o nosso papel dentro desta situação.

- Será que somos culpados pelo que está acontecendo?

Acho que fomos negligentes em relação ao filho ou ao marido ou é um castigo que estamos recebendo por algo de errado que fizemos no passado.

Os homens buscam por respostas, associando fatos por proximidade no tempo e no espaço, usando explicações dadas por outros ou baseadas em crenças/superstições preestabelecidas, entre outras formas de entendimento. Na maioria das vezes, não há uma causa específica ou uma única causa de o porquê nosso familiar usar tal substância. O que acontece na verdade é que uma série de fatores de risco se torna presente na vida de um indivíduo, ao mesmo tempo em que os fatores de proteção para a experimentação e para a manutenção do uso não estão tão atuantes e a experiência de uso contínuo tende a ganhar espaço.

Um pensamento frequente nas famílias de indivíduos com TUS é o de que o problema não é da família, mas sim, do indivíduo e, por este motivo, o tratamento tem que ser direcionado para uma pessoa apenas, àquele que tem o problema psiquiátrico. Este tipo de pensamento faz com que as famílias adotem duas posturas frequentes: aderem ao tratamento, e quando o familiar recai, elas rapidamente abandonam o tratamento, porque não adiantou nada; ou quando o familiar começa a melhorar, a família entende que seu papel como participante do tratamento não é mais importante e abandona as mudanças.

- O que você pensa sobre a sua função familiar quando considera o dependente de substâncias? Você poderia escrever?

____

____

____

____

____

Avalie o seu pensamento segundo a sua funcionalidade (o quanto está de acordo com a realidade) e sua utilidade (o que você ganha pensando desta forma).

- Como se sente pensando desta forma?
- Como está a sua esperança em relação ao problema que seu familiar enfrenta?
- Como se sente agora? A sua esperança aumentou?

- Que nota você daria agora?

Nota: ________________________________

4. O que estou pensando do futuro quando me foco no problema do meu familiar que usa substâncias?

Sabemos que nossos pensamentos quando são catastróficos (visão do pior desfecho no futuro em relação a uma situação específica) geram sentimentos de tristeza e de medo.

A família, por ter passado por situações consideradas difíceis com seu familiar dependente, tende a ver o futuro de maneira negativa, acreditando que será muito improvável que o paciente melhore. Muitas vezes, outras famílias têm uma visão extremamente positiva, acreditando que uma intervenção medicamentosa ou psicológica resolverá todos os problemas da pessoa. Nenhuma destas duas formas de pensar extremadas, em geral, têm evidência de realidade. O conhecimento mais aprofundado sobre a questão das dependências vai indicar que as pessoas podem, sim, melhorar sua qualidade de vida, mesmo sendo dependentes de substância. No entanto, este caminho, em geral, é árduo e pode ser demorado. As recaídas, ou seja, o retorno ao uso da substância, após um período de abstinência, deve ser entendido como uma oportunidade em que o indivíduo aprende a identificar as situações de risco que ele deve evitar, ou mais tarde, quando estiver treinado, deve enfrentar.

- Você poderia escrever qual o seu pensamento sobre o futuro de seu familiar?
- O que passa pela sua cabeça quando você imagina seu familiar dependente no futuro?

Avalie seu pensamento agora:

- A forma de pensar sobre o futuro é realista, é funcional?
- Se alguém contasse sua história para você, como se fosse dela, o que você diria em relação ao futuro?

Nesta primeira parte, nosso objetivo seria ficarmos atentos aos pensamentos que passam por nossa cabeça e como eles influenciam as nossas emoções e os nossos comportamentos. Cada pensamento que gera alteração de humor deve ser avaliado e questionado, até que encontremos pensamentos mais realistas.

> Busque histórias inspiradoras!

Mantenha-se a salvo para poder ajudar quem precisa de ajuda

Ao nos referirmos ao fato de que precisamos nos manter a salvo para poder ajudar aquele que precisa de ajuda, estamos falando sobre vários aspectos. Um dito popular diz que para ajudar alguém a ficar bem, nós também temos que estar bem e, neste caso específico, física e psicologicamente.

Precauções em relação à violência doméstica

Ao falarmos de violência, estamos nos referindo à ação ou ao efeito de empregar força física ou intimidação moral contra alguém. Muitas vezes, nosso familiar dependente mostra-se agressivo ou violento quando está em abstinência ou quando está intoxicado. É importante que consigamos analisar este comportamento, a fim de entendê-lo e de nos prevenirmos no futuro.

Uma avaliação do risco que a família pode estar correndo pressupõe as seguintes perguntas e respostas:

a) Quão grave foi a ocorrência do comportamento violento?
b) Quanto tempo faz que aconteceu a última vez?
c) Existem ameaças graves de violência?
d) Houve chamados para a polícia?
e) Houve uso de armas?
f) Alguém da família precisou de cuidados médicos?

A avaliação do risco ao qual estamos submetidos vai auxiliar na elaboração de um plano de restauração da segurança:

a) Quais são os gatilhos? O que acontece antes da violência que seja do ambiente (bebidas em casa, brigas, comentários sarcásticos) ou que seja do próprio indivíduo (pensamentos distorcidos sobre a família durante a intoxicação).
b) Quais são as bandeiras vermelhas (sinalizadores de que algo pode acontecer)? Existem sinais

que aparecem antes dos gatilhos? Distorções de pensamento, alterações nas emoções e comportamentos em função das distorções cognitivas?

c) Quais benefícios têm o familiar dependente quando apresenta um comportamento violento? O que ele ganha ou perde diante de um episódio de violência? Será que estamos nos comportando como família, de forma a reforçar o comportamento de nosso familiar, e aí temos sempre um episódio de violência quando há alguma necessidade não atendida? Qual mudança no comportamento familiar poderia gerar uma mudança funcional no comportamento do familiar dependente? Podemos fazer esta mudança?

d) Onde procurar ajuda? Quais as pessoas próximas, familiares ou não, que podem nos auxiliar num momento em que nosso familiar dependente esteja violento. A participação num grupo de ajuda mútua pode ser importante neste momento. Ter uma agenda com os números de telefone sempre atualizados e um local previamente determinado para se abrigar também pode ajudar num momento de necessidade.

> O reconhecimento de nossos medos e de nossas limitações vai evidenciar nossos recursos e potencialidades para lidar com nossa dependência emocional.

Precauções em relação ao seu envolvimento demasiado com o familiar dependente

Será que entre você e seu familiar dependente há o que chamamos de dependência emocional?

Uma relação emaranhada com o seu familiar impede que o problema seja visto de forma objetiva. O termo "codependência" está relacionado ao fato de que a droga da família passa a ser o familiar que a consome. Do mesmo modo que o familiar só pensa e vive em função da substância, a família pode, em algum momento, passar a viver em função do familiar dependente. Literalmente, não estamos a salvo para a tomada de decisões que são necessárias em determinadas situações, quando estamos "codependentes" ou dependemos emocionalmente de alguém.

É preciso que consigamos nos afastar psicologicamente de nosso familiar, para que a tomada de decisões seja mais racional. Uma vez que a vida de uma outra pessoa é alterada ou perturbada, seja pelo uso de substâncias do filho ou pelo alcoolismo do marido, seja pelo temor de que ele (o filho ou o marido) possa vir a usar tais drogas, o problema já não é mais apenas do dependente. A vida da família passa a girar em torno da questão: "Qual será a próxima crise?

É importante avaliar se temos alguns dos sinais listados a seguir, com o objetivo de buscar ajuda profissional para adotarmos comportamentos mais funcionais, que efetivamente irão ajudar tanto na adesão ao tratamento (por parte do familiar dependente) quanto na sua melhora.

1. Controlador, preocupa-se em descobrir uma forma para controlar o outro.
2. Manipulador, hostil, indireto, confuso.
3. Ausência total de limites ou limites mal demarcados.
4. Alternância entre ausência total de limites e barreiras.

5. Quase sempre diz não saber quem realmente é, quase sempre por não ter a consciência da realidade pessoal.
6. Dificulta o estabelecimento da comunicação.
7. Quase sempre desagradável.
8. Produz culpa, sente culpa, culpa o outro.
9. Quer sempre saber o porquê.
10. Cria obstáculos à compulsão do outro.
11. Compulsivo para ajudar o outro.

- Quais desses sinais você nota presente no seu comportamento?

- Você poderia buscar ajuda profissional, ou mesmo um grupo de ajuda mútua no sentido de compreender melhor o que está acontecendo, e desenvolver estratégias para se separar saudavelmente da pessoa que lhe gera este sentimento? Quanto você acredita que isto é possível?

Manejo da culpa e da raiva sentidas por conta da exposição aos episódios de violência

É comum sentirmos raiva e/ou culpa após termos passado por uma situação em que fomos coagidos ou pressionados por outra pessoa da família. A culpa e a vergonha podem ser consequências de qualquer comportamento que tenhamos tido ao lidar com o comportamento violento de nosso familiar: "O que as pessoas vão pensar de nós, se contarmos o que aconteceu?"; "O que a vizinhança vai pensar se ver a polícia parada aqui na frente da nossa casa?" (são pensamentos que precedem a culpa ou a vergonha). Já a raiva, normalmente determinada por um pensamento onde houve a quebra de uma regra interna como "Isto nunca deveria ter acontecido..." ou "Eu não merecia passar por este tipo de situação". São pensamentos que precedem a raiva.

É importante que identifiquemos o pensamento que está gerando raiva ou culpa e o questionemos para chegarmos a um pensamento mais realista, com consequência de maior estabilidade emocional. Observe na Tabela 1.

Tabela 1 – Manejo do pensamento – Aumentando a flexibilidade cognitiva

Pensamento distorcido	Pensamento funcional
O que as pessoas vão pensar de nós se contarmos o que aconteceu?	As pessoas não conhecem nossa situação interna, portanto, o pensamento delas pode não ser o que melhor descreve nossa real situação.
O que a vizinhança vai pensar se ver a polícia na porta da nossa casa?	Nossa vizinhança vai perceber que algo sério acontece e que precisamos de ajuda.

Pensamento distorcido	Pensamento funcional
Isto nunca deveria ter acontecido!	Existem situações que estão totalmente fora do nosso controle.
Eu não merecia passar por este tipo de situação.	Não existe uma relação lógica entre o que acontece e o quanto a gente é merecedor do que acontece.

- Qual o tamanho da sua raiva agora?

____

____

____

____

____

Conhecimento do programa de ajuda e estabelecimento das metas

Muitas vezes nos deparamos com famílias que não participam do tratamento dos seus familiares e, por não participarem, não conhecem sobre o tratamento: o que esperar dele e como se comportar no sentido de auxiliar para atingir as metas estabelecidas.

Muitos estudos realizados com as famílias e seus dependentes evidenciam que se a família "participa" do tratamento, ou seja, se está inteirada do que é o tratamento e sabe qual o seu papel dentro da ideia de tratamento mais amplo, o qual está sendo oferecido ao paciente, sabe o que reforçar e o que não reforçar no comportamento do familiar dependente, desenvolve habilidades sociais e de enfrentamento de situações mais complexas – incluindo o paciente e a família –, faz as mudanças comportamentais necessárias, a fim de que o ambiente onde está inserido o paciente esteja mais estruturado e funcional para que ele tenha melhores resultados durante e nos estágios finais do tratamento.

- Escreva aqui o que você sabe sobre o tratamento que seu familiar está fazendo.

____

____

____

____

____

A Psicoterapia dispõe de várias técnicas para educar seus pacientes sobre o problema, doença ou transtorno que eles têm. Uma destas intervenções é chamada psicoeducação, considerada uma das principais estratégias para modificar aspectos negativos vivenciados pelos portadores de Transtornos Psiquiátricos ou outras enfermidades, e envolve fornecer informações aos pacientes e a seus familiares sobre a natureza e o tratamento da doença, provendo ensinamentos teóricos e práticos para que possam compreender e lidar melhor com o problema vivenciado no momento.

Além disso, tal estratégia tem como objetivo ajudar o portador a melhorar seu *insight* sobre a doença, a lidar com a estigmatização, a melhorar a adesão ao tratamento, a ensinar os sinais que indicam que o problema pode se agravar, a promover hábitos saudáveis e a regularidade no estilo de vida, evitando o abuso de substâncias.

Para auxiliar essas famílias, a psicoeducação vem sendo implantada em diversas instituições. Sua função é ensinar os familiares sobre o que é a doença mental, os tratamentos, as necessidades do paciente, suas capacidades de desenvolvimento e habilidades, prevenção de recorrências e convivência harmônica.

A eficácia da psicoeducação é comprovada por rigorosas pesquisas que têm encontrado níveis menores de recaída em pacientes cujas famílias participam de intervenção psicoeducacional em relação àqueles que seguem apenas a conduta medicamentosa sem a intervenção familiar.

Solicite uma consulta de orientação familiar com a equipe profissional que acolhe seu familiar dependente, ou quando isto não for possível, busque um outro especialista na área das dependências, desta forma você estará mais informado de quais serão os próximos passos e poderá se preparar para eles.

Melhorando as habilidades de comunicação

> Há três coisas na vida que
> nunca voltam atrás:
> a flecha lançada, a palavra pronunciada
> e a oportunidade perdida.

Portanto, temos que tomar cuidado com que falamos às pessoas com quem temos contato.

A prática das formas de comunicação, seja assertiva, positiva ou não violenta, inclui uma série de passos, sendo importante saber que se trata de uma habilidade aprendida. Não nascemos sabendo ser assertivo, positivo na forma de falar, falar sem fazer julgamentos ou interpretando de acordo com os nossos referenciais internos. Normalmente, aprendemos as diretrizes para estas habilidades e o treino fará toda a diferença na prática futura.

Para algumas pessoas, é muito frequente falar algo e depois se arrepender do que falou. Por isso, segue a primeira dica:

1. Pense antes de falar

Identifique o que você pensou sobre a situação, como você poderia flexibilizar o seu pensamento, quais poderiam ser as outras formas de entender o que você percebeu e, só então, pronuncie-se. Lembre-se de que na prática da assertividade, você pode, e deve, pensar antes de falar. Se alguém lhe faz uma pergunta, você não precisa responder imediatamente. Peça um tempo para pensar e só depois dê a sua resposta. Por exemplo:

- Seu filho chegou em casa visivelmente intoxicado. O que inicialmente passou pela sua cabeça?

____

____

- Quais seriam os pensamentos alternativos?

____

____

Ou

____

____

Ou

____

____

2. Seja breve

Cuidado ao falar para não se perder com um excesso de informações. Desta forma, podemos nos desviar do objetivo da conversa, além de corrermos o risco de nos atermos a questões com grande carga emocional. Ao ser breve, foque apenas naquilo que é o objetivo real da conversa. Evite distrações.

3. Seja positivo

Quando falamos em comunicar-se de forma positiva, estamos nos referindo ao tipo de palavras que usamos durante nossa comunicação. Diga o que quer, em vez do que não quer, e evite culpar, xingar, supergeneralizar ou usar tons acusatórios. Estas ações ajudam muito quando estamos numa situação de conflito, em que as pessoas estão em lados muito diferentes. Quando dizemos o que não queremos, aumentamos a chance de colocar nosso interlocutor na defensiva, e a conversa não caminha para frente. Não dê respostas vagas ao ser questionado, desta forma, você também motiva seu familiar a focar no problema a ser discutido, evitando desviar-se do tema. Peça exatamente aquilo que seria importante para você que ele fizesse e justifique o porquê deste pedido.

4. Foque no comportamento e não na pessoa

Um cuidado importante durante a comunicação é enfatizar qual o comportamento a ser modificado, atendo-se sempre a esta questão. Temos uma tendência de julgar a pessoa que emitiu o comportamento, misturando o resultado ruim advindo do comportamento emitido com a pessoa que o emitiu. É importante que o seu amor por seu familiar dependente se mantenha o mesmo, pois você apenas não aprova o comportamento dele.

5. Fale sobre os seus sentimentos

Não fale sobre os fatos, mas sim sobre como você se sente quando o seu familiar dependente, por exemplo, chega intoxicado a sua casa. Falar sobre sentimentos não é uma tarefa fácil, porque não fomos treinados para isso, mas é uma das formas mais eficazes de fazermos com que os outros nos conheçam. Ao falar sobre sentimentos, fale sobre os positivos e negativos, e treine sua habilidade de ouvir o sentimento do outro, sem julgamento, e só depois, compartilhe uma experiência sua para fechar o assunto.

6. Diga que você compreendeu o que foi dito

Neste momento, este *feedback* é muito importante, para que o diálogo se mantenha e tenha um desfecho melhor. Em geral, vamos emendando um assunto no outro, um pedido no outro, e não deixamos claro que estamos entendendo o que está sendo dito. Quando dizemos que compreendemos o lado do nosso familiar, geramos uma condição de diminuição de resistência e aumentamos a chance dele ouvir nossa demanda.

7. Aceite uma parte da responsabilidade

Uma forma de lidar com críticas é aceitar parte dela quando recebidas. Em geral, numa conversa conflituosa, podem ser feitas críticas de parte a parte. Receba e concorde com parte da crítica, pois isso diminuirá a resistência da outra parte. É provável que o seu familiar também consiga aceitar parte da crítica que você faz ao comportamento dele.

8. Ofereça ajuda

Após a conversa, mostre-se disponível para ajudar seu familiar dependente, combinando com ele como que esta ajuda pode ser dada, e até onde você pode ir. É importante que ele perceba o seu esforço no sentido de compreender a demanda dele, e que você, dentro das suas possibilidades está disposto a ajudar. Muitas pessoas começam um processo de mudança ao se sentir acolhidas e compreendidas.

Vamos treinar comunicação positiva? Ela é o coração deste modelo de tratamento que visa à entrada do familiar dependente no tratamento.

> Aproveite as dicas que a vida te dá.
> O resultado tende a ser mais
> efetivo e duradouro.

Aproveitando as janelas de oportunidades para auxiliar seu familiar com TUS

Uma pergunta que recebemos com frequência é quando a família pode e deve abordar seu familiar para conversar mais sobre o assunto "uso de substâncias" ou sugerir a entrada em um tratamento ou a busca por ajuda profissional. Em geral, fazemos isso durante uma discussão acalorada, em meio a gritos e acusações de parte a parte, e já temos a experiência de que isto não ajuda em nada. Ao contrário, pode nos afastar de nosso familiar e aí, realmente, a família perde qualquer oportunidade de conhecimento ou de ajuda na solução do problema. Por isso, é importante identificarmos as "janelas de oportunidade" para falarmos sobre o assunto.

1. Quando o familiar relata um problema físico ou psíquico: se ele fala que tem tido falhas na memória, por exemplo, podemos perguntar:

- Você sabe qual poderia ser a causa disso?
- O que tem acontecido na sua vida neste momento que pode se relacionar a sua falta de memória?
- Que experimentos você poderia fazer para descobrir o que pode estar gerando a falta de memória?
- Usando este método, você fará com que ele pense um pouco a respeito. Se você disser que ele tem problemas de memória porque fuma maconha, ele reagirá mal, e o assunto terminará naquele momento. Dessa forma, a resistência para uma próxima comunicação falando de um problema dele será aumentada.
- 2. .Quando uma situação é apresentada de forma geral, mas podemos direcioná-la para a nossa questão específica com nosso familiar dependente: às vezes, vemos uma notícia na televisão, uma situação na novela, por exemplo, que podemos trazer à discussão sem generalizar para a nossa situação familiar, mas aumentando o nível de reflexão sobre

o assunto, permitindo uma aproximação do assunto isenta de julgamentos pessoais.

3. Quando você percebe uma reação de remorso em função de uma crise relacionada ao uso de substâncias: esta pode ser uma janela de oportunidade para sugerir algo. O fato de seu familiar estar se sentindo culpado ou emocionalmente envolvido com uma consequência do seu comportamento de uso de substâncias, isso pode fazer com que ele pense a respeito do que você vai sugerir, em vez de rechaçar qualquer sugestão apresentada sem que nenhuma análise seja feita. Pense na seguinte situação: quando o seu familiar se refere a uma briga do dia anterior, em que ele, embriagado, ofendeu você. O que você poderia perguntar para auxiliar na reflexão: "O quanto você acredita que o álcool interferiu na sua forma de se comportar?"; "Como teria sido a sua reação diante do acontecido aqui em casa, se você não tivesse bebido?"; "O que você faria numa próxima vez?"

4. Quando o familiar dependente se chateia ao ouvir um comentário negativo sobre o seu uso de substância: neste caso, já nos aproximamos um pouco mais de nosso familiar. O nosso comentário ou o comentário de outrem já conta de alguma maneira. Usando uma comunicação positiva ou empática, podemos fazer alguma sugestão, sempre dando a ele a oportunidade de pensar mais sobre o assunto e tomar uma decisão em relação ao futuro do tratamento. Vamos a mais um exemplo: uma tia faz um comentário de que a vida dele não anda porque ele fuma maconha. Com quais perguntas poderíamos nos aproximar? "Você

pode compreender a posição da sua tia ao dizer isso?"; "Por que você acha que ela falou isto, qual era intenção dela?"; "Você concorda ao menos em parte com o que ela fala?"; "Levando-se em conta que parte do que ela fala, está correto, o que você poderia fazer?"

5. Quando o familiar dependente pergunta por que o seu comportamento (da família) mudou em relação ao problema: esta é uma chave essencial. Quando eu mudo meu comportamento em relação a alguém, ele é condicionado a mudar o dele. Então, se seu estilo de comunicação muda, ele se sentirá compelido a mudar o dele. Vamos considerar a seguinte situação: mãe e filho estão conversando sobre o último episódio de uso de substâncias, e a mãe não se mostra agressiva, apenas fala sobre o seu real sentimento diante da situação. Para o filho, que sempre esteve acostumado com críticas e punições, o simples falar sobre os medos e as inseguranças por parte da mãe podem levá-lo a se abrir e falar também sobre suas dificuldades com a mudança e, embora um lado dele parece querer parar, o outro ainda não.

Mitos e verdades sobre as relações de afeto familiares

Sabemos que nossas crenças são determinantes na forma de nos comportarmos em relação a nós, aos outros e ao futuro. Vamos avaliar algumas das crenças que as famílias nos trazem em nossos consultórios para descobrirmos o quanto estão distorcidas e quais seriam as vantagens de mantê-las ou modificá-las.

No começo deste capítulo, descrevemos a importância de pensar sobre o nosso pensamento, é importante que consideremos nosso pensamento, o quanto vale a pena mantê-lo ou modifica-lo. Use cartões de enfrentamento (veja os modelos a seguir), se necessário, onde você poderá escrever pensamentos mais realistas, que ajudarão a lidar com os momentos de incerteza e de dor.

1. Se eu fizer tudo para ele, ele terá certeza do meu amor.

- A forma que temos de demonstrar amor está relacionada diretamente ao quanto fazemos o que o outro quer?
- Quem coloca limites e indica até onde pode ir no relacionamento, não ama o outro suficientemente?

> Nem só quando faço o que o outro quer, significa que eu o amo. Muitas vezes, temos que impor limites no nosso amor, mas, mesmo assim, ele continua lá.

2. Se eu disser não, isto significará que não gosto dele.

- Quando dizemos que não podemos fazer algo que o outro nos pede, isto significa que não gostamos dele ou que realmente existem coisas que estão além das nossas possibilidades?
- Se dissermos não a alguém, corremos necessariamente o risco de perdermos o amor desta pessoa?
- Temos o direito de defender nossas necessidades ou devemos sempre fazer a vontade do outro?

Dizer não a um filho ou a um ente querido não significa falta de amor. Aceitamos a pessoa como ela é, mas isso não significa aceitar qualquer comportamento da parte dela.

3. Uma mãe deve sempre fazer tudo pelo filho, não importa o que ele faça.

- Existe um ditado popular: Quando nasce uma mãe, nasce a culpa. Quanto podemos acreditar que à medida em que nos tornamos mães nossa vida está direcionada para o cuidado de outra pessoa?
- Fazer tudo pelo filho significa dar a ele o necessário para que ele tenha uma vida autônoma, tome decisões adequadas e tenha capacidade de se automotivar para decisões futuras?

Quando faço tudo pelo outro, posso estar impedindo o desenvolvimento desta pessoa.

4. Eu devo fazer tudo por ele, porque ele não consegue ou não pode fazer ou mesmo não quer fazer.

- O quanto temos certeza de que devemos fazer pelo outro quando ele não consegue ou não quer, e quais as consequências deste ato?
- Estou ajudando meu familiar dependente a perceber a atual situação em que ele se encontra, e quais seriam as melhores possibilidades para ele?

- Estou ajudando com exemplos pessoais a evidenciar quais as capacidades e os pontos fortes que meu familiar tem, ou fazendo tudo por ele estou reforçando que ele não consegue fazer por si próprio?

> Mesmo que ele não queira ou não consiga fazer, é importante que ele tenha a consciência disto, para que haja uma possibilidade de mudança da parte dele.

5. A pessoa tem que ter cuidado 24 horas. É só o que eu faço.

- Tenho condições de viver a vida de meu familiar dependente por 24 horas ao dia?
- Sinto que tenho o poder de controlar a vida dele, impedindo-o de tomar decisões quanto ao seu beber ou ao uso de substâncias?
- Sinto que estou no controle?
- E quanto a minha vida? Quando vivo a vida do outro, corro o risco de esquecer da minha própria vida, das minhas necessidades e do prazer que poderia ter.

> Senhor, concedei-me a serenidade necessária para aceitar as coisas que não posso mudar, coragem para modificar as que eu posso e sabedoria para distinguir umas das outras.
>
> (Oração da Serenidade)

Referências

Meyers, R. J., & Wolfe, B. L. (2004). *Get your loved one sober: Alternatives to nagging, pleading and threatening.* Minnesota: Hazelden Pubs.

Moraes, P. B. (2019). *Um dia de cada vez – Como se manter abstinente.* São Paulo, SP: Ed. Constelação.

Rosenberg, M. B. (2006). *Comunicação Não Violenta.* São Paulo, SP: Ed. **Ágora.**

Smith, J. E., & Meyers, R. J. (2004). *Motivating substance abusers to enter treatment: Working with family members.* New York NY: Guilford Press.

The Center for Motivation and Change. (2016). *The Parent's 20 Minute Guide: A Guide For Parents About How to Help Their Child Change Their Substance Use.* Durham, NC: Ed. Lulu Press, Inc.

CAPÍTULO 5

Família: um tema amplo para a prevenção do abuso de substâncias e comportamentos de risco em crianças e adolescentes

Roberta Payá[1]

O que protege e o que facilita a criança e o adolescente a desenvolverem um comportamento de risco em relação ao uso nocivo de álcool, tabaco e drogas?

Por que em uma família com três irmãos, que receberam a mesma educação. um pode desenvolver um problema com drogas e os outros dois não?

O avô bebia, o pai bebia e agora meu filho começou a beber, ele vai ter o mesmo problema?

Há muitos anos, perguntas como essas conduzem o trabalho de pesquisadores e profissionais que se dedicam ao desenvolvimento infanto-juvenil. E, em muitas das respostas, vamos encontrar o papel da família como um ponto fundamental e relevante!

---

[1] Psicóloga, Terapeuta Familiar e de Casal. Dra em Saúde Mental e especialista em Dependência Química pela UNIFESP. Mestre em Terapia Familiar Sistêmica pela Universidade de Londres. Educadora e Terapeuta Sexual pela UNISAL. Terapeuta da LOVEPLAN. Membro da Associação Paulista de Terapia Familiar e da Associação Brasileira de Álcool e Drogas. Autora de Livros. Professora na área de saúde mental e sexualidade pela UPPSI, IBCMED, UNISAL e PUC-SP.

Há um consenso sobre a importância da família, em especial, do papel dos pais na prevenção ao uso de drogas e na qualidade de vida dos filhos. E para o trabalho preventivo, é preciso entender o que está presente nas vulnerabilidades do jovem e da criança.

A pergunta que podemos fazer é: "O que leva um jovem a usar drogas lícitas, como bebidas alcoólicas e o cigarro, e drogas ilícitas?

Em cada fase do desenvolvimento, necessidades diferentes vão surgir, e alguns comportamentos serão esperados. Por exemplo: a pré-adolescência e a própria adolescência são fases de experimentação. É o período em que a "ex-criança" começa a assumir o controle de sua vida social. Escolhe, ou pelo menos tenta escolher, para onde vai e com quem, adquirindo, inclusive, mais autonomia para se deslocar fisicamente. O jovem passa a experimentar novos contatos sociais e novas atividades. A curiosidade aumenta, assim como a vontade de satisfação imediata. Tudo gira no tempo "do aqui e agora".

Quanto mais acesso ele tiver a certas situações, como frequentar com amigos bares ou festas que ofereçam bebida alcoólica, e quanto maior a aprovação desse comportamento pelo grupo, mais facilmente ocorrerá a experimentação. Somando-se o fácil acesso, baixo custo e a maior aceitação do uso de algumas substâncias, como maconha, por exemplo, acaba sendo muito fácil para um jovem satisfazer sua curiosidade.

A educação familiar pode ser um importante caminho para o diálogo. De um lado, o ideal é pensar sobre prevenção desde a infância, por outro, é fundamental que os pais percebam que nunca é tarde demais, sendo possível modificar sentimentos e comportamentos em qualquer fase da vida.

> Apresentar INTENÇÃO e COMPROMISSO com o desenvolvimento emocional e comportamental de um filho é um ato de educação que facilita a criação de vínculos e a promoção de conversas que geram interação, agregando valores pessoais.

Por aqui, vou percorrer por questões atuais, em uma conversa entre conceitos, evidências e prática clínica. Então, cá entre nós, vamos dialogar!!

Tudo pode parecer fácil se pensarmos em três palavras:

Amor, Comunicação, Limites

Amor como força única que enlaça, abraça, acolhe e oferece o sentido de pertencer para toda criança e adolescente que tem esse direito. **Comunicação** no sentido mais do que dizer ou silenciar, comunicar não apenas no sentido "eu sei (porque sou mais velho) e você tem que me ouvir" ... comunicar no sentido olho no olho, na pergunta que abre espaço para o filho falar de si, e não apenas ouvir, o comunicar da fala que fala mais do sentimento do que da situação, na escuta empática de um membro pelo outro, e tantos outros elementos importantes que estão implícitos na comunicação. E **Limites**! Sim, "o não é amor". Você já deve ter ouvido isso de diferentes maneiras, certo? O não implica um certo trabalho para os cuidadores, porque, às vezes, o não pode ser dito em uma situação simples, mas em muitas outras, o não requer acordos entre os pais e dedicação de conversa entre adultos e crianças/jovens. Existe o limite que vem com a legenda, com acordos e com as regras. O que, muitas vezes, pode funcionar, mas o exercício contínuo do limite é a consistência. Algo que exige por parte dos cuidadores um cuidado diário, e desafiador. O limite para horários, hábitos, gastos, modos, tarefas, responsabilidades, internet, e entre tantos outros o limite para os prazeres....

Como está sendo tão desafiador sermos pais de filhos pequenos ou grandes na atualidade, não é verdade?

O que precisamos compreender?

Que tudo tem uma relação! Como a família pensa, como age, em qual ambiente a família está inserida, como é a rede de apoio de cada um, o ambiente escolar, as características pessoais e as necessidades diferentes de cada filho, segurança, educação, saúde... Tudo isso faz parte do educar, conversar, agir e acolher.

E como são as famílias brasileiras?

A família brasileira hoje tem, em sua maior porcentagem, seis modelos diferentes de formação. Cada vez mais casais optam por não terem filhos: então há a família de duas pessoas. Famílias tradicionais, mas com número menor de filhos. Famílias recasadas. Famílias de mãe solo e/ou pai solo. Famílias homoafetivas. Famílias com um membro apenas (pessoas que optam por morar sozinhas e têm em seu propósito a individualidade).

Então, vamos pensar: estes modelos sempre existiram, certo? Mas na medida em que quebramos uma ideia de matriz **"família normal ou família tradicional brasileira hetero"**, ampliamos nosso entendimento para toda e qualquer forma que a família possa ter. E em cada modelo, encontramos um jeito próprio familiar.

Sim, uma família de mãe solo, por exemplo, pode ter um trabalho danado para cuidar de seus filhos. Contudo, isso não quer dizer que a figura do pai hoje é considerada como um fator de proteção contra o uso de substância ou qualquer outro comportamento de risco. Um casal que não deseja ter filhos não necessariamente forma um casal com dificuldade para engravidar. E este avanço é importante exatamente para jovens adultos buscarem outras motivações que vão além da paternidade-maternidade. O modelo de um membro só na família brasileira também reflete um comportamento mais autônomo, e que não quer dizer que a pessoa está sozinha porque fracassou em seus relacionamentos, isso quer dizer que, em tempos atuais, as pessoas estão preservando mais sua individualidade e autonomia. A família homoafetiva é fruto de uma legitimação e validação social, com direitos adquiridos para a união estável, casamento e adoção de filhos. Este modelo sempre existiu, e seu reconhecimento ao longo dos tempos permite que olhemos para os danos do estigma, rejeições e punições do ambiente familiar com seus filhos e membros. Ou seja, famílias que geram estigmas e preconceitos são mais propensas a desenvolver filhos mais vulneráveis e, dentro disso, que se pode haver a busca do uso nocivo de substâncias.

Pense agora: qual o seu modelo familiar? Reflita quais tarefas e regras estão de acordo não apenas com o modelo da sua família, mas também com o momento da fase familiar.

Em cada fase e jeito da família ser, haverá uma maneira de perceber as necessidades da criança e do adolescente, e de como saber lidar e conversar em cada situação.

Sobre socialização

Já ouviu a frase: "Me digas com quem andas que eu saberei quem és?". Então, isso tem a ver com a influência do grupo que, às vezes, pode ser um risco. E geralmente as famílias costumam culpar as más companhias quando o assunto é o uso de substâncias.

As influências externas, dentre elas, as companhias, têm um papel importante no primeiro contato e na experimentação de álcool, cigarro e drogas ilícitas. No entanto, na passagem da experimentação para o uso regular e na manutenção do uso estão envolvidos outros fatores mais relacionados com características do adolescente: insegurança, baixa autoestima, curiosidade, necessidade de pertencer ao grupo, tolerância baixa às frustrações, ou sintomas depressivos, de ansiedade, e alguns outros traços de personalidade. Em outras palavras, um adolescente pode experimentar uma substância por "pressão do grupo", mas se estiver seguro, se achar que a substância não lhe trará nenhum benefício, ele vai se afastar e irá em busca de outro grupo. Se ele não conseguir ou tiver receio de mudar, outros fatores, então, estarão em jogo, causando maior propensão às influências externas.

Fazer parte de um grupo em que o adolescente se sente parecido pelos comportamentos, pela música, pelas ideias ou pelas atitudes facilita uma estabilidade e um sentimento de pertencimento, e isso é essencial durante estes anos de mudança permanente. No grupo de amigos, o adolescente sente-se compreendido. É no grupo que pode conversar sobre sua música, sobre os games, do que gosta de usar, das suas dificuldades na escola, com os pais e nas relações. E, inevitavelmente, pais vão questionar algumas pessoas que passam a circular na vida dos filhos, por exemplo: O João tem tatuagens.; O Luís tem *piercings*.; A Joana só pensa em namorar.; O Carlos já fuma.; A Vanessa passa a vida saindo de casa porque os pais não dão atenção...

Um exercício para os pais refletirem: Antes de criticar e julgar sobre as amizades do seu filho, será importante procurar conhecê-las, ouvir suas histórias de vida, opiniões, etc...

Aproximação, aqui, é um dos antídotos: aproxime-se do seu filho, demostre interesse por este universo que, por mais desafiador que seja, é importante tentar. Tempo de qualidade na vida atual também é escasso, mas vale saber qual atividade desperta interesse: uma pizza, um jogo, o filme, o game. Que tal pensar que pelos amigos você poderá perceber melhor seus filhos, passando até mais tempo com eles?

Proximidade

Na fase da adolescência, **manter-se próximo do filho é fundamental e, sem dúvida, também difícil.** A proximidade e o bom relacionamento entre pais e filhos são fatores de proteção para o uso de drogas. **Procurar conhecer os novos interesses e as habilidades e ser curioso, mas com uma pitada de descrição e respeito.** Encontrar um interesse comum, como futebol, música, cinema, a série em casa, ou algo que conecte (reforço aqui novamente). Quanto mais as famílias "ritualizam" estes momentos, maior prazer o jovem vai ter de estar com a família. É neste entre jogo de interesses compartilhados que o jovem se motiva mais, sentindo-se ouvido. Acompanhar o crescimento dos filhos, seus interesses, seus medos, é o principal fator protetor para problemas futuros.

O desafio aqui é manter esta atitude em uma família com um dependente de substâncias, porque as atenções se voltam a ele. A ideia é mostrar a você, leitor, que é importante manter a vida e seus interesses ativos, e não apenas girar em torno da doença.

Redes sociais, mídia e vulnerabilidades na interação social

A mídia, a disponibilidade, a banalização das drogas ou a supervalorização do tema tornam a maconha um ícone, por exemplo, e o consumo de qualquer substância atua diretamente na formação de valores pessoais. Aqui incluo também as redes sociais, e a força da internet, inclusive com o avanço de apps e recursos que facilitam o acesso a informações (que estimulam, aumentam a curiosidade, facilitam formas de interações entre grupos e literalmente acesso e consumo).

Levar a sério conversas sobre propagandas inadequadas, discutir sobre exposição nas redes sociais e na não valorização de imagens que revelam comportamentos negativos e agressivos são temas de constante cuidado por parte dos pais, por mais que a diferença entre as gerações dificulte a negociação de valores e limites. E a família também é influenciada a todo momento por essas fontes!

O ambiente social influenciado por todo conteúdo de mídia e redes que bombardeia a família reflete diretamente no jeito que ela vai agir, interagir e decidir alguns limites!

Diálogo, aqui é um dos antídotos: como conversar independente de pontos de vista diferentes? A questão não é que tenham que pensar conforme a visão dos pais, mas conversar sobre como escoram seus valores. O que os fazem pensar em tal comportamento, ou dancinha? Por que tal piada ou *memes* despertam interesse? Não é sobre "braço de ferro" de opiniões, banalizar ou ignorar algo que está em alta e fazendo todo mundo cantar a mesma música, **é sobre conversar a respeito, e entender o conteúdo!**

Ambiente familiar

E o consumo de bebidas em casa? Como os pais devem agir?

Tendo a família como alvo, a prevenção começa na infância, com as questões aparentemente mais simples do dia a dia dos pais, da criança e da família como um todo.

A valorização de hábitos saudáveis pode ser um bom começo: a alimentação, o cuidado com o corpo, entre outros. Além disso, os comportamentos dos pais são modelos para os filhos e, dessa forma, é importante observar os hábitos, o consumo excessivo de bebidas alcoólicas, tabaco, medicamentos, bem como a forma de lidar com as dificuldades e com a ansiedade na própria família.

A prevenção e o jeito que a família age perante as situações difíceis e riscos andam de mãos dadas com afeto, conversas sinceras, aprender a dizer sim e não nas horas necessárias. Mas a questão é que está cada vez mais difícil encontrar a "medida" para um diálogo familiar. Buscar o bom senso mesmo frente à dificuldade é o grande desfio!

Outro ponto é que o adolescente experimenta diversos comportamentos e atitudes na busca de uma identidade própria, diferente de seus pais, em alguns aspectos, e pelo desejo de ser visto com autonomia, já acreditando que é um adulto. Mas o que acontece? Ele observa o modelo de adulto que tem em casa e, dependendo do seu jeito próprio de ser, vai receber maior ou menor influência. Consequentemente, a família tem que pensar qual modelo e exemplos estão passando. Se esperam que o filho tenha qualidade de vida e uma vida saudável, é fundamental que adotem essa postura.

Este ato coerente reforça que o exemplo não é uma boa forma de ensinar; **muitas vezes, é a única!**

Bons exemplos!! Ok! Você pode gostar da sua cerveja, a família pode ter o ritual do vinho, pais serem tabagistas e, com isso, falar de drogas ilícitas torna-se mais complicado. Mas o fato é que reduzir a exposição, cenas em que as crianças e adolescentes presenciem abusos ou problemas advindos de momentos de consumo é fundamental. Sem hipocrisia para esta reflexão. Devemos, sim, considerar que cada um tem a sua válvula de escape, e isto não é um incentivo: é na verdade uma visão estatística e realista, mas o ambiente do lar precisa se manter neutro, e as atitudes dos adultos devem ser ao menos coerentes.

Por que devemos nos informar?

Fontes de leitura, referências sobre os temas, redes que sustentam o tema com evidências, grupos de estudos e pesquisas, páginas confiáveis, claro que tudo isso ajuda e são meios de dar corpo para uma conversa importante entre pais, filhos e outras pessoas do lar. A facilidade em debater certos temas relaciona-se com o seu grau de compreensão. Será mais fácil falar quando existe conhecimento e confiança para enfrentar.

Na adolescência tudo muda rapidamente. Mudam as relações com a família e com os colegas, procura-se uma maior autonomia e aumentam as responsabilidades. Novas atitudes face à escola, aos novos grupos de amigos, à sexualidade, ao modo como experienciam o próprio corpo e contestam valores podem gerar desentendimento entre pais e filhos. As proibições e críticas inflexíveis e negativas poderão criar um efeito contrário, levando o adolescente a ter comportamentos de provocação. E quando o diálogo se torna difícil e as suspeitas existem, muitos pais podem sentir a necessidade de procurar respostas. Por isso, é preciso saber sobre drogas, entender como o consumo afeta, expandir a mente sobre outros comportamentos, e a sexualidade.

Sobre substâncias

Buscar entendimento sobre os efeitos, investigar se há outros fatores associados como uma predisposição genética (histórico familiar) e/ou comorbidades clínicas e psiquiátricas, saber diferenciar se o uso está gerando problemas e qual a intensidade destes problemas (é necessário investigar a intensidade do uso, frequência e consequências para os critérios do Transtorno por Uso de Substâncias).

Existem diferentes formas de consumir drogas. A curiosidade pode levar à experimentação e ainda assim o consumo poderá limitar-se a uma experiência. Saber identificar e agir, diferenciando um consumo esporádico de um consumo problemático, é fundamental para a relação de ajuda e confiança.

Outro ponto frequente é pensar que o consumo de drogas é ilegal simplesmente. Explico: a droga mais consumida e a mais problemática na nossa sociedade é o álcool, permitido legalmente. E é o abuso regular e repetido que se torna mais grave e precisa de apoio. Daí a dificuldade de negociar pontos de vista com jovens, porque, para o risco do consumo, existe uma premissa que implica em entendermos o prejuízo de cada uso, a relação de consumo *versus* problemas que cada um pode ter por diferenças biológicas, sociais, psicológicas e do tipo de substância. Geralmente, essa conversa pode levar a um braço de ferro entre adultos e filhos, mas a questão é o jeito de falar, e não desconsiderar que a defesa do adolescente sempre será a do prazer. O prazer não é apenas da sensação. Vamos entender um pouco mais sobre esses motivos:

- Curiosidade
- Desejo de viver outras experiências
- Desejo de testar limites e transgredir regras
- Pressão dos pares
- Desafio à autoridade
- Desejo de afirmação
- Informação incorreta ou ausência de informação

Qual a importância das regras, de dar limites?

Crianças que crescem em um ambiente com regras claras geralmente são mais seguras. À medida que se defrontam com limites, aprendem a lidar com as frustrações, desenvolvendo recursos próprios para superá-las. Sem regras claras, a criança busca limites adotando um comportamento desafiador com os pais, como se provocasse a imposição de limites. Posteriormente, já adolescente, repetirá o comportamento desafiador fora da casa. Na tentativa de descobrir as regras do mundo, também vai testar os limites, deparando-se com frustrações. A criança e o adolescente precisam se frustrar para gerarem motivações. E são essas motivações que vão gerar um estado de busca para os objetivos da vida! Ao não desenvolverem caminhos para lidar com elas, podem recorrer às drogas, que surgem como "solução mágica": o jovem a consome e todos os sentimentos ruins desaparecem por alguns instantes, sem necessidade de esforços maiores.

Regras da organização - estimule a cuidar de seu espaço e pertences. Se você fizer tudo para seu filho ele pouco saberá cuidar!

Regras da colaboração - a casa não é um hotel, pode até favorecer os filhos pequenos, mas conforme eles crescem, a casa tem que se adaptar a um modelo pensão: prato na pia, lixo sendo responsabilidade de todos, passear com os pets, etc. são regras para todos!

Regras do público x privado - seu quarto seu espaço, e nas áreas coletivas os acordos devem ser claros quanto cooperação, limpeza, ordem, horários.... Mas claro, o armário do seu filho pode estar uma bagunça, e deixe para ele perceber a falta da camiseta preferida. Se ele precisar de ajuda para higiene e limpeza não hesite!

E sobre cultura e influências de ideias, tradições e hábitos sociais?

Os valores pessoais e familiares têm um impacto no entendimento de limites e atitudes por parte dos cuidadores ao longo do tempo, sofrendo influência da idade, gênero, momento histórico, cultura, etnia e religião.

Não tem como desconsiderar a cultura e tradições. E, dependendo de cada cultura e região, os ritos e tradições farão a criança e o jovem se desenvolverem entendendo que um tipo de comportamento é mais natural e comum do que outros. Por exemplo: uma região em que há como tradição celebrar festas com muita bebida. Uma comunidade que é influenciada por música pode estimular hábitos e comportamentos mais erotizados, com apelo à maconha ou a outras drogas precocemente. Regiões que são de fácil acesso ao tráfico também terão maior exposição e disponibilidade de alguma droga, o que facilita também para a porta de entrada de condutas ilegais.

Comunicação: uma das ferramentas mais poderosas

Siga o ritmo do seu filho, facilitando progressivamente e desde muito cedo o diálogo, abrindo portas para o futuro. Por vezes, o que é mais importante para nós não o é para o jovem. Grandes discursos sobre drogas não significam esclarecimento, confiança ou responsabilização. Responda de forma simples, clara e concreta, expondo sempre quais os seus pontos de vista e tentando perceber quais os do seu filho.

> Dizer "não sei, vou procurar saber, tenho dúvida"... São frases que humanizam a conversa!

Evitar as questões ou dar abertura à discussão poderá deixar seu filho pouco à vontade para voltar a falar contigo no futuro, caso algo o preocupe. E isso vai facilitar a procura de informação pouco correta. Esta regra vale para qualquer tema, tanto sobre experimentação de alguma substância ou outra dúvida, por exemplo, a vivência sexual.

> Se for difícil encontrar um jeito de falar, o ideal será assumir essa dificuldade: "Eu agora não consigo responder a essa pergunta, mas voltamos a falar mais tarde".

O que o seu filho tem a dizer? A relação é feita na troca, e não de perguntas e respostas. Todos nós, pais e educadores, cometemos o erro de evitar uma pergunta ou de não saber lidar com a situação naquele momento preciso. Estabelecer uma boa base de confiança é essencial para que crianças e adolescentes se sintam seguros e possam confiar.

Importante! Estar disponível para falar sobre drogas significa:

- Não dar visões extremistas, nem juízos de valor nos assuntos controversos e "difíceis".
- Não ter preconceitos face à idade e ao gênero (por exemplo: "não tem idade para falar sobre isso" ou "melhor meu filho beber do que minha filha").

- Estar disponível.
- Encorajar a discussão, iniciando-a de forma descontraída, tornando o assunto casual.
- Tolerar a diferença.
- Ser honesto sobre o nível do seu conhecimento e não ter receio de indicar outras fontes de conhecimento, caso você não conseguir responder às perguntas.
- Estar preparado para apoiar o desejo de saber do seu filho, mesmo que para isso tenha de enfrentar o ridículo ou a oposição de outros adultos.
- Respeitar a privacidade do seu filho em todas as suas formas (telefone, internet, senhas, redes sociais...). Sim, vale combinados, cuidados, mas são territórios que validam a confiança. O pedir e o receber com etiqueta e ética servem como elementos de base!
- Não divulgar informações confidenciais, quando compartilhadas pelo seu filho. Se ele te contou algo, mostre que você é confiável!
- Para estabelecer uma relação de confiança e de intimidade com o seu filho, é importante que o escute e o ajude a gostar de si próprio. Os jovens devem ser estimulados e elogiados nos seus comportamentos positivos, assim como responsabilizados pelos seus comportamentos incorretos ou negativos.

Em todo trabalho com filhos precisamos treinar comunicação. A base do que fazemos ao ajudar as famílias, e não apenas com eles, mas também entre casais, irmãos e outras pessoas, é pautada em como a gente fala e como a gente escuta. E todos terão seu momento de falar, porque a opinião de cada um vale ser compreendida. Precisamos entender e perceber como ação e reação dos fatos.

Meu filho vai sair, será que o ambiente é seguro?

Para responder ao que os pais devem fazer quando sabem que a festa que o filho foi convidado vai ter bebida alcoólica, é importante contextualizar. As festas existem para comemorarmos datas especiais, conquistas. Devemos incentivá-las para que os adolescentes percebam que é importante ter conquistas e que essas devem ser comemoradas, ou ainda, que devemos valorizar as oportunidades de estar próximos de pessoas que são importantes para nós e para eles. Porém, como estabelecer regras com moderação e responsabilidades? Como driblar ambientes nocivos?

Para que os pais possam pensar sobre quando ir a uma festa em que vão servir álcool, três aspectos devem ser considerados:

1) O que é "legal", o exemplo que será dado pelos adultos presentes e a maturidade do jovem.

   O Estatuto da Criança e do Adolescente (ECA) proíbe o fornecimento de bebidas alcoólicas para menores de 18 anos. Assim, na balada ou no role haverá adultos que podem beber e adolescentes que, por lei, não podem fazer uso de álcool.

2) Surge então um problema: é elegante e agradável oferecer comidas e bebidas que não podem ser consumidas por todos? Qual a mensagem que os pais estão passando na festa, especialmente no que se refere às questões legais? Como cada pai e mãe pode pensar na maturidade de seu filho? Se o adolescente se mostrar inseguro, talvez seja

melhor explicar que o filho não poderá ir ou oferecer alternativa intermediária: ir e voltar mais cedo ou incentivar que vá com amigos, e que, de preferência, haja contato com os outros pais.

3) O apoio da rede é fundamental! Pais que conversam com outros pais!! É importante sempre que puderem conversar sobre o que acontece ao redor das festas e ambientes. Se tiverem um acordo sobre isso, será muito mais fácil lidar com argumentos do tipo "todos os meus amigos vão" ou "todos os pais deixam".

A verdade é que "os pais devem ser tão unidos quanto os jovens!"

Ao beber, meu filho pode experimentar outra droga? A pergunta que se lança geralmente é: "O fato de um adolescente ingerir bebidas alcoólicas com certa frequência pode torná-lo mais suscetível ao uso de outras drogas? Segundo estudos, felizmente, a maioria dos adolescentes interromperá o consumo de drogas conforme forem assumindo outros papéis na vida adulta (o consumo de tabaco constitui exceção, tendendo a permanecer na idade adulta). No entanto, não se sabe quais adolescentes terão mais disposição para passar do uso experimental à dependência. Os pais devem estar atentos à ocorrência, principalmente, de antecedentes familiares de problemas com álcool e drogas, transtornos alimentares (anorexia e bulimia) e dificuldades emocionais, além do desempenho escolar e da dificuldade do adolescente de realizar e sentir prazer nas atividades que desempenha.

Em resumo, caso experimentem, não necessariamente vão se tornar dependentes, mas toda droga é também uma porta de entrada. E não existe um único tipo de dependência, são dependências, com graus e consequências diferentes para cada pessoa e fase da vida. Mas quanto mais cedo acontecer, e por mais tempo ocorrer o uso, abuso ou dependência, mais prejuízos emocionais, cerebrais e do comportamento o jovem vai ter. E isso vale para qualquer droga, incluindo o tabaco.

Encontrei maconha no quarto, "balinhas" na mochila, chegou alcoolizado em casa...?! O que faço?

Não pense internar de pronto. O primeiro passo é conversar. E se informar. Em todo e qualquer trabalho com a família, temos que pensar o que significa esse comportamento em determinado momento. Explico:

- Tem relação com baixa autoestima e poucos amigos?
- Tem relação com a sexualidade?
- Tem a ver com as discussões frequentes em casa entre pais, irmãos ou casal?
- Tem relação com uma fase deprimida ou de muita ansiedade?

Com frequência, vemos um jovem fumando maconha como forma de regular a ansiedade e "ajudar" no sono. Vemos também o jovem que passa a beber cada vez mais para se relacionar e viver sua sexualidade de forma mais livre. Aquele que assume responsabilidades em casa, devido a algum conflito familiar, e acaba por assumir mais responsabilidades do que daria conta, como ausência do pai, da mãe, também busca refúgio.

Isso é o que buscamos compreender no trabalho terapêutico familiar. A circularidade dos fatos é de um ponto a outro, e assim por diante, ou seja, a ligação que um dado tem com o outro sucessivamente. É por isso que o pensamento de que toda culpa é do filho, ou de outro membro da casa, ou ainda de uma má companhia acaba sendo um grande engano. Você já deve ter ouvido falar a expressão do bode expiatório ou da ovelha "*negra*", não é verdade? Mas algo maior está acontecendo e, muitas vezes, o comportamento problema é um tipo de sintoma da família. Cabe à família buscar ajuda para auxiliar a pessoa adoecida, o jovem, o adulto, o idoso, podendo ser qualquer membro.

Falamos em teoria, mas na clínica, que existe tanto para prevenir como para dar suporte às famílias em tratamento (filhos, pais, casal, irmãos...), devemos ouvir a verdade de todos e estimular que eles se escutem mais empaticamente. Na Figura 1, apresento a sequência do que precisamos considerar:

Figura 1 – Temas para suporte as famílias em tratamento do TUS

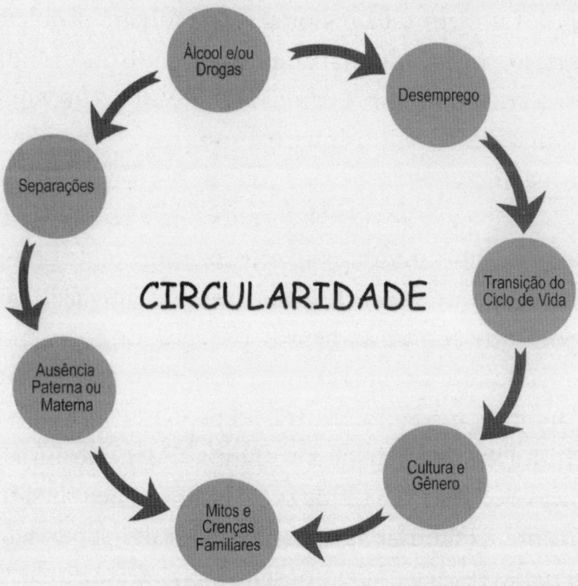

A indicação, então, quando o segredo do uso se revela, é abrir espaço de conversa. E um ponto importante: filhos também precisam entender o que está acontecendo com relação aos pais. Eles observam sim tudo o que ocorre no lar. Há uma necessidade de coerência: descobrir algo dos filhos é o mesmo que abrir conversa para os filhos perguntarem sobre o que ocorre com os pais. Não há um único motivo para gerar um problema com drogas e abuso de álcool, é sempre uma soma dos fatos.

Filhos de dependentes precisam de um olhar especial

Filho de peixe peixinho é? Já ouviu esse ditado, certo? Este provérbio foi literalmente bem estudado para sabermos mais sobre prevenção e tratamento. E o que ocorre é que de fato filhos de pais dependentes serão mais propensos a desenvolverem problemas com drogas e álcool. Mas não é só isso! Também têm maior disposição para problemas de depressão, ansiedade, baixa autoestima, baixo rendimento escolar, retraimento emocional e outras consequências se comparados a filhos que não têm pais dependentes de substâncias.

O uso problemático do álcool ou de outras substâncias acontece dentro de um contexto de padrões de comportamento que o mantêm. Esses padrões de interação geram a sequência de comportamentos estabelecida entre os membros, tornando-os repetitivos ao longo do tempo. Aproximadamente, um em cada três dependentes de álcool tem um histórico familiar de alcoolismo. Além do número de crianças de dependentes de substâncias aumentar significativamente na medida que taxas de abuso e dependência de substâncias se elevam, as consequências desse convívio não apenas são inevitáveis, mas tendem a fortalecer um modelo de comportamento problemático.

Na maioria das vezes, filhos sofrem com uma interação familiar negativa e com o empobrecimento de palavras-chaves dos problemas, até porque, famílias que apresentam a problemática do abuso de substâncias são, em geral, caracterizadas como desorganizadas e "disfuncionais". Somado a outros fatores de risco, como conflitos familiares, transtorno psiquiátrico do outro cuidador, e baixo suporte familiar que potencializam o impacto sob os filhos.

Para cada dependente, há, em média, quatro pessoas convivendo com o problema dentro de casa, segundo levantamentos nacionais, e isso vale como um adendo para pais não acreditarem que são apenas os pares ou amigos que influenciarão seus filhos. Ou seja, o padrão e a severidade do consumo de um dos pais, por exemplo, serão observados claramente pelos seus filhos. Chama a atenção pensarmos que mais de 25 milhões de indivíduos brasileiros habitam com um membro usuário de substâncias. Realidade bastante preocupante e que expressa às consequências também advindas das lacunas de governança, e que ainda corroboram para um contexto familiar altamente frágil e desprotegido socialmente.

Os grupos de apoio para crianças e adolescentes com outros tipos de problemas, além do TUS, são de grande auxílio. Geralmente, eles precisam de apoio psicológico e social, porque o crescimento precoce emocional ou retraimento, além de comprometimento na socialização, podem impactar na escolarização e em seus relacionamentos intra e interpessoais.

Filhos observam, mas dependendo da idade, não entendem o que estão sentindo. Não entendem as discussões entre os pais e que, muitas vezes, ocorrem por conta do abuso ou da dependência. Eles sofrem quando não entendem que os pais não estão presentes por conta das consequências disso. E na medida que os adultos lidam melhor, facilitam o diálogo, buscam ajuda e percebem que o clima de segredo tem que ser revelado e explicado, surgindo um alívio seguido de uma compreensão do tipo: Então é isso mesmo! ... No íntimo eles sempre sabem.

> Filho precisa saber que não tem responsabilidade pelo que está acontecendo com o pai ou com a mãe, e precisa entender que a dependência é uma doença, mas que tem tratamento!

E quando mais alguém dentro de casa abusa de alguma droga ou tem a dependência?

Uma das situações mais frequentes é a família não conversar a respeito desse problema: o segredo se instala.

Outro ponto que impacta muito é quando, dentro de casa, o irmão ou a irmã da criança ou adolescente tem o problema. Essa realidade, por anos, pode gerar uma sensação forte de desamparo, porque, geralmente, os pais precisam ajudar o filho adoecido. Com muita firmeza, podemos afirmar que os irmãos sofrem dentro dessa confusão. E, muitas vezes, não perguntam e não expressam o que estão sentindo.

Uma das emoções mais comuns é a raiva. Raiva do irmão que está com problemas e que acaba "retirando" a atenção dos pais. Ou então o medo e a insegurança, porque aprendem a não pedir ajuda. Um pensamento que é muito frequente ouvirmos é: ... "tem tanto problema aqui, e meus pais já sofrem tanto com ele que é melhor eu não incomodar...!". E, assim, instala-se a dor, o desamparo e outras vulnerabilidades.

Histórias reais que acompanho de famílias que convivem com a dependência dos filhos passam por situações semelhantes:

- Heitor, 24 anos. Bastante prejudicado pelo tempo de abuso de cocaína, maconha e remédios. Sua irmã, em conversa com a família, conseguiu dizer o que temia depois de muitos encontros, em que foi ouvida e validada para assegurar seus receios e sentimentos:

  Amanda, 21 anos: — "Eu tenho uma pergunta para vocês pais: Quem vai cuidar do Heitor quando vocês falecerem? Eu não vou dar conta mãe, e não saberei o que fazer"... Ou seja, a ideia de responsabilidade atribuída muitas vezes aos irmãos pode também gerar ansiedade e sobrecarga emocional.

- Helena, 36 anos. Apresentou problemas com drogas por anos e sempre foi vista como alguém de personalidade difícil. Alice, sua irmã, sempre ouviu dos pais e avós: — "Não provoque a Helena! Filha, você tem que entender que a Helena precisa de ajuda"... E Alice aprendeu a crescer acreditando que seus problemas eram banais, de que não poderia levar aborrecimento para os pais, já que eles tinham muitas preocupações com Helena, e que não poderia falar da sua raiva e frustração por não receber atenção.

Irmãos do membro adoecido precisam de um olhar cuidadoso: precisam ouvir que não são responsáveis pelos seus irmãos e precisam de atenção!

Obviamente, que é difícil para todos, mas é muito importante a família ter esse olhar para aqueles que de dentro de casa estão sofrendo em silêncio. Isso também vale para outras relações em casa, como a relação de brigas dos pais, por exemplo. Um dos cônjuges pode estar em sofrimento e deixa de perceber o que os filhos estão pedindo. Para todo esse dilema, podemos contar também com os grupos de autoajuda que são locais de ajuda e suporte:

- Alcoolismo Feminino
- Amor Exigente
- Alateen
- AA / NA
- Multiplos online
- Colcha de Retalhos

Sexualidade, esse é um grande, amplo e importante assunto!

Papo reto e direto aqui: sexualidade começa na infância, e não estou falando de erotismo!! Sexualidade infantil é a descoberta do corpo no sentido sensorial, corporal, percebendo as diferenças anatômicas, e desenvolvendo graus de corporeidade, higiene e autopreservação. Ao longo do desenvolvimento, a criança vai passar por vivências, e a família poderá oferecer um ambiente familiar, mais ou menos acolhedor e coerente, para proporcionar boas experiências no desenrolar da sexualidade.

O que acontece em casa, em termos de cuidados, informações, diálogo e informações reflete no comportamento saudável de qualquer um. Isso vale para a sexualidade como vale para qualquer comportamento. Vamos pensar em algumas questões que surgem com frequência:

Com as crianças, o que ficar atento e procurar educar:

- Crianças sexualmente saudáveis são aquelas que se sentem bem com o corpo, compreendem privacidade e nudez.
- Respeitam os membros da família, outras crianças e as diferenças.
- Sentem-se à vontade para fazer perguntas.
- Higiene pessoal.
- Caminham para o preparo da puberdade.
- Existe resposta pronta?
- Quando a autoexploração não faz bem?
- Pode dormir na cama dos pais?
- Pode beijar na boca dos adultos? Tomar banho com adultos?
- Pais que erotizam.
- Masturbação – menino pode, menina não.

Com respostas mentirosas, cria-se um cenário para desconfiança e vulnerabilidades.

Com adolescentes e jovens, o que ficar atento e procurar educar:

- Iniciação: como é, qual momento...
- Limites e exposição do corpo.
- Gravidez e DSTs.
- Pornografia (e conteúdo na internet).
- Assexualidades (pessoas que se consideram sem atração sexual).
- Transexualidade (pessoa cuja identidade pessoal e de gênero não corresponde ao gênero que lhe foi atribuído em consonância com seu sexo ao nascer).
- Desejo, libido...

Com conversas abertas e verdadeiras aumentarão as chances de contato e a sensação de segurança para lidar com os desafios inerentes desse momento!

Finalmente! Para refletirmos em família e com as famílias

Prevenir é chegar antes! A base dessa complexidade está na família, e mesmo que estejamos muito aquém da implementação e do aprimoramento de ações preventivas, assim como de medidas de ordem pública pautadas na realidade familiar para o campo da prevenção, é preciso acreditar, iniciar, retomar e reunir ações que façam a diferença nas escolhas e nas habilidades de enfrentamento das situações de risco ou dificuldades entre nossas crianças e adolescentes.

Afeto, diálogo e limites não dependem de ações externas, e sim, de ritos, tempo, intensão, disponibilidade e busca de partilhas, inclusive entre os próprios adultos. **Ah! Que bom seria se todas as escolas e comunidades reunissem pais e cuidadores como disciplina obrigatória, não? Não teremos ações proliferadas a respeito, mas podemos pensar no micro.** E é este que depende do aqui e agora e de cada adulto, em cada ciclo que a família estiver passando, da transição da criança para o adolescente ou para o jovem adulto que necessita de ação e cuidados.

Dentro deste contexto, duas emoções importantes podem paralisar: a culpa e o medo. Nunca os pais tiveram tanto medo por tudo que acontece ao nosso redor e por verem seus filhos cada vez mais autoritários. Soma-se a culpa por trabalharem demais e se sentirem ausentes. Esta combinação torna o meio familiar mais permissivo: com menos clareza do que fazer e mais frágeis para serem coerentes e consistentes com os filhos, e na qualidade das outras relações.

Pais e cuidadores precisam de apoio para se fortalecerem e diminuírem suas inseguranças. Familiares de membros que passam pelo problema do TUS precisam buscar ajuda, em sua maioria. Vamos todos errar. E não há a família perfeita. Não existe a "Família Doriana" que convive sem brigas, desafios e diferenças. Teremos sempre dúvidas enquanto pais e familiares. E sejamos compreensivos entre todos. Mas vale pensar que o ato de educar requer consistência, boa vontade e abertura para acompanhar as fases do desenvolvimento da criança e do adolescente.

Referências

Figlie N. B., Fontes A., Morais E., Payá R. (2004). Filhos de Dependentes Químicos com fatores de riscobio-psico-sociais: necessitam de um olhar especial? *Revista de Psiquiatria Clínica*, v. 31, n. 2, 53-62.

Payá R. (2014). Prevenção e Familiares: Realidades Antagônicas ou Complementares? In Figlie, N. B., Diehl, A. *Prevenção ao uso de álcool, tabaco e outras drogas: o que e como fazer?* (Cap. 15, pp. 170-188). Porto Alegre, RGS: Artmed.

Payá, R. (Org.). (2017). *Intervenções Familiares para abuso e dependência de álcool e outras drogas*. Rio de janeiro, RJ: Gen.

Payá, R. (2016). Abordagem da Família no Cenário de Vulnerabilidades. In Garcia F., Michelle Ralil da Costa M. R., Guimarães L. P., & Neves M. C. L. *Vulnerabilidade e o Uso de Drogas* (1ª ed., Cap. 20, pp. 297-311). Belo Horizonte: MG, CCR.

Payá R., & Figlie N. B. (2015). Filhos de Dependentes Químicos. In Figlie, N. B., Selma, B., & Laranjeira, R. (Org). *Aconselhamento em Dependência Química* (3ª ed., Cap. 24, pp. 266-278). São Paulo, SP: Grupo Gen.

Payá R., & Figlie N. B. (2015). Abordagem Familiar em Dependência Química. In Figlie, N. B., Selma, B., & Laranjeira,

R. (Org.). *Aconselhamento em Dependência Química* (3ª ed., Cap. 27, pp. 299-317). São Paulo, SP: Grupo Gen.

Payá, R. (2017). Família e Sexualidade In Diehl A., & Vieira L.V. *Sexualidade do Prazer ao Sofrer* (2ª ed., Cap. 28, pp. 431-446). São Paulo, SP: Editora Grupo Gen /Editora Roca.

Silveira, P. S., & Silva, E. A. (2013). Família, Sociedade e Uso de Drogas: prevenção, inclusão social e tratamento familiar. In Ronzani T. M. (Org.). *Ações Integradas sobre Drogas – Prevenção, Abordagens e Políticas Públicas.* Juiz de Fora, MG: Editora UFJF.

CAPÍTULO 6

Aprendendo com quem convive com esta realidade

Quando o tema é aprendizagem, várias ideias e formas de aprender nos vêm à consciência. Aprendemos fazendo experiências e testando os resultados. Aprendemos a partir de constructos teóricos, mas também aprendemos a partir do conhecimento ou da observação do comportamento ou das experiências de outras pessoas.

Nesta obra, nosso objetivo principal foi oferecer suporte às famílias que convivem com o problema dos transtornos por uso de substâncias para a compreensão e o manejo do problema de forma funcional, orientadas para a resolução do problema. Os profissionais que colaboraram para a execução deste projeto compartilharam suas experiências práticas com pacientes e suas famílias, vividas em seus consultórios ou em outros ambientes de trabalho, embasados em conhecimento científico.

No entanto, a aprendizagem observacional, ou seja, o aprender a partir da observação do comportamento do outro, por meio de uma determinada situação, tem aqui um lugar de destaque. Trouxemos, então, experiências reais vividas dentro das famílias com um membro com TUS, o qual atua em diversos papéis desempenhados dentro de um contexto familiar.

A esposa de um alcoolista, o esposo de uma alcoolista, a filha de uma dependente de crack e a mãe de uma dependente de múltiplas drogas dispuseram-se a compartilhar suas histórias com diferentes desfechos, ricos relatos com múltiplos sentimentos, pensamentos e consequências envolvidas na problemática vivida. Vamos aprender com quem conviveu com esta realidade e, quem sabe, usar ou refletir sobre algumas dessas estratégias para lidarmos com o problema com o qual convivemos.

DEPOIMENTO DE UMA ESPOSA

Uma história de amor com final feliz

Era março de 1984, quando nos conhecemos em um barzinho. Daí até o dia do nosso casamento, passaram-se um ano e 4 meses, e três pileques dele, que eu achei normal, embora eu não tivesse tomado nenhum....

Naquele dia 27 de julho de 1985, um dos mais importantes da minha vida, quando o padre perguntou: "Odorico, aceita Neide como sua legítima esposa?", ouvi com carinho quando ele respondeu "sim", e ele também ouviu meu "sim" quando o padre repetiu a mesma pergunta para mim. Começou a nossa história.

O começo da nossa relação transcorreu com muita atenção e muito zelo, pois vivíamos uma situação de aprendizado mútuo, de convivência e de construção de uma nova vida, que logo foi coroada com a notícia da vinda de um filho. Recebi todo o cuidado necessário durante aquele momento de novidade para mim e alegria dos nossos pais, até que, em 31 de maio de 1986, chegou a menina que ele tanto desejava. Eu escolhi o nome, e ela se chamou Raquel, nossa filha mais velha, com quem aprendemos a ser pai e mãe. A vida realmente ficou completa com a vinda de nossa segunda filha, cujo nome ele escolheu: Ester, aos 27 de agosto de 1988. Até este momento, tudo parecia seguir um curso normal. Eu havia parado de trabalhar para me dedicar ao cuidado das nossas filhas e aos poucos ele foi investindo num caminho que parecia oposto ao meu. Quanto mais os meses passavam, ele chegava cada dia mais tarde, e com muita frequência, embriagado.

Pela minha cabeça, passavam os seguintes pensamentos: "Isto é uma fase, logo passa"; "Ele deve estar com problemas", mas um ano se passou. A fase, se é que existia, também passou, mas o comportamento de beber só piorava. Os meus pensamentos continuavam: "Eu devo estar fazendo algo errado para que as coisas estejam acontecendo dessa forma"; "Por que os outros maridos não bebem e só o meu bebe desta forma?"; "O que eu devo fazer para ele parar de beber?".

Como minha formação era na área de Psicologia, frequentemente eu era cobrada por ambos os lados das famílias: "Você não pode fazer nada para resolver esta situação?"; "Como a psicologia trata deste tipo de problema?"; "Você tem que dar um jeito de ele parar de beber", o que me colocava numa posição de autocobrança muito intensa, achando de forma mais clara que o problema era meu e que eu deveria encontrar uma saída. Mas, em minhas tentativas de aproximação, eu ouvia com frequência: "Aqui em casa, eu quero uma mulher, não uma terapeuta, não quero falar deste assunto". Nossas vidas seguiam por caminhos separados, por mais que eu quisesse estar ao lado dele, eu não conseguia, porque não tinha espaço para mim naquele estilo de vida.

Apesar da dor e da decepção, visto que a minha expectativa com ele era outra, eu seguia ao lado dele. Em março de 1993, eu e minhas duas filhas sofremos um acidente de carro. A Ester, com 5 anos, foi para a UTI, com suspeita de edema cerebral, e a Raquel, com 7 anos, tinha uma fratura no úmero e foi para o quarto. Quando as duas tiveram alta, nove dias depois do acidente, ele chegou em casa de madrugada, e ao ser perguntado sobre por que tinha estado na rua até tão tarde, respondeu que estava comemorando nossa vitória porque ambas, no final de tudo, estavam bem. Nessa ocasião minha mãe, que era católica e prezava pela manutenção do casamento, me disse: "Separe-se deste homem. Eu e sua irmã vamos te ajudar com tudo o que você precisar até você se estabilizar". Eu pensei e respondi: "Mãe, eu tenho todos os tipos de problemas, mas creio no fundo do meu coração que se ele parar de beber, o que sobrar será muito bom". Na verdade, eu tinha conseguido fazer uma separação entre o problema e a pessoa que tem o problema, embora eu não tivesse muita consciência disso naquele momento. E segui, tentando ficar ao lado dele, sinalizando os contras de beber e enfatizando como era positivo quando algum período de abstinência ainda que pequeno acontecia.

Em muitas noites, a insegurança era grande, porque, em função do agravamento do quadro de beber, ele já não dirigia e, quando não conseguíamos encontrá-lo, voltávamos para casa sem ele. Minhas filhas resistiam, insistindo para que o procurássemos mais, mas não tinha como saber onde ele estava. A tecnologia ainda não tinha se desenvolvido, e não tínhamos celulares ou formas de rastrear a localização. Convivíamos com a insegurança, muitas vezes, diária. "Será...?"; "E se...?". Esses eram os pensamentos frequentes. Nessa época, ele já consumia mais de uma garrafa de conhaque por dia.

No dia 11 de outubro de 1996, ele decidiu buscar ajuda num grupo e me pediu para acompanhá-lo. O convite tinha vindo um mês antes, mas ele ainda não tinha decidido. Quando ele tomou a decisão, fomos ao grupo, e naquela noite ele resolveu parar de beber, e eu para apoiá-lo também optei pela minha abstinência. Para minha felicidade, eu confirmei o que havia dito para minha mãe. Quando nos separamos do álcool, nossa vida se transformou. Eu conheci um homem, que antes eu não conhecia, porque quando eu o conheci, ele já bebia. E eu gostei daquele novo homem, em todos os sentidos. Ele era companheiro, cuidadoso comigo e o melhor pai que minhas filhas poderiam ter. A partir daquele 11 de outubro, durante quatro anos, íamos todos os dias numa reunião de grupo de ajuda mútua. E quando minhas filhas me cobravam, por exemplo, nas férias, minha resposta se mantinha: "Não vale a pena investirmos duas horas do nosso dia para termos 22 horas de tranquilidade e felicidade?" Elas imediatamente concordavam, nos arrumávamos e às 18 ou 20 horas estávamos numa reunião.

À medida em que o tempo passou, íamos com menos frequência às reuniões, mas ao menos uma vez por semana estávamos presentes. E ele seguiu em frente com sua recuperação, sem lapsos ou recaídas. Seguiu sempre sendo o filho carinhoso, o esposo amoroso e o pai cuidadoso. Foi exemplo no seu grupo de recuperação, durante os 26 anos que ficou sóbrio, contando a seguinte história: "Um homem rico, certa ocasião, chamou seus amigos para a inauguração de uma piscina em sua mansão. Antes de acender as luzes da piscina, ele anunciou que a partir do momento que as luzes fossem acesas, quem tivesse a coragem de atravessar a piscina de ponta a ponta, poderia escolher entre os prêmios: uma fazenda cheia de gado, um apartamento de luxo nos Jardins ou a mão da filha única em casamento. Assim que as luzes se acenderam, houve uma confusão, pois a piscina era cheia de bichos peçonhentos e perigosos. De repente, alguém sai do outro lado da piscina, ofegante, machucado e quando foi perguntado qual dos prêmios queria escolher, disse que nenhum... Na verdade ele nem conseguia falar... Ao ser perguntado o que ele queria por ter feito aquela façanha, ele respondeu: "Quero saber quem me empurrou nesta piscina."

Em seus testemunhos, Odorico dizia que no dia 27 de julho (dia do nosso casamento), me empurrou pra dentro da piscina, onde já estavam seus pais, e depois ainda empurrou a

Raquel e a Ester. No dia 11 de outubro, nos estendeu a mão e nos tirou de lá, muito machucadas, muito doloridas, mas ficou segurando firme na nossa mão, para que nunca mais caíssemos lá dentro. E nos segurou com firmeza e cuidado, durante 26 anos, até o dia 24 de fevereiro de 2022, quando percebemos que ele não tinha mais força.

Vítima de um câncer de pulmão já descoberto em estágio de metástase, não está mais entre nós. Lutou até onde pôde, mostrando que por mais desafiadoras que sejam as batalhas, temos que manter nossos objetivos. Em nenhum momento desistiu da luta contra a doença, embora soubesse que era grave, assim como deve ter enfrentado situações de risco para a recaída, mas nunca recaiu.

Recebeu sua última medalha de abstinência, por 26 anos de sobriedade, das mãozinhas da nossa neta Laís, em seu peito já sem vida, minutos antes da nossa despedida final.

Eu, como esposa devo dizer que foram 11 anos difíceis, compensados por 26 anos de felicidade e amor. Vivi momentos de insegurança em relação ao futuro e às minhas ações como esposa e mãe, que são normais em qualquer situação onde se convive com um problema de difícil solução. A crença de que ele não era um problema, que ele tinha um problema, e de que poderíamos trabalhar na solução daquele problema, foi o que não me fez desistir. Agradeço pela experiência vivida que, apesar de difícil, contribuiu para que eu e minhas filhas nos construíssemos da forma como nos construímos.

A ele, nosso amor eterno!

Neide, Raquel, Ester e Laís.

DEPOIMENTO DE UM MARIDO

Com amor e fé conseguimos

Meu nome é Anselmo e gostaria de contar um pouco da minha história convivendo com uma pessoa portadora de dependência química, mais precisamente uma doente alcoólica.

No segundo semestre do ano de 1990, eu morava com minha mãe e uma irmã em uma casa bastante grande para abrigar três pessoas. Eu havia me separado em 1988 e minha ex-esposa havia se mudado para os EUA. No início de 1990, ela mandou buscar o meu único filho, que na época tinha apenas onze anos, para morar com ela. Por este motivo, eu estava me sentindo muito solitário.

No mês de junho de 1990, quando participava de uma reunião de pessoas com Dependência de Álcool, ouvi a partilha de uma jovem senhora que informava ter se separado do esposo e havia ficado com três crianças para educar. Na hora me veio a vontade de procurá-la e conversar para unirmos forças e assim formar uma família. Com isso, passamos a conviver. Tivemos quatro filhos desse relacionamento. Oito anos se passaram e seus três filhos do primeiro casamento já eram adultos e seguiram suas vidas. Os nossos quatro, na época, eram crianças. Nesse período, ela teve alguns problemas cardíacos e foi internada por dois meses.

Não sei por que motivo, em um certo dia de 1998, ao chegar em casa do trabalho, ela se encontrava completamente embriagada. Vi meu mundo desmoronar, pois eu conhecia bem a problemática do alcoolismo, visto que já havia passado por isso. Senti que poderia estar vindo por terra toda uma convivência de muita luta travada nesses oito anos. Mas com tolerância e amor, comecei a dar a ela o apoio necessário e ouvir todas as lamúrias e justificativas desesperadas de uma alcoólatra.

No dia seguinte, nós tivemos uma conversa muito séria e ela se comprometeu a procurar ajuda, porém não conseguia mais parar de beber.

No início de 1999, nossa convivência estava se tornando insuportável: ela passou a ter um ciúme obsessivo e o inferno se instalou na nossa vida.

Como falei, os seus três filhos do primeiro casamento já haviam se casado e já moravam em suas respectivas casas. Num momento de desespero, eu saí de casa. Voltei quatro dias depois, e, ao ver os meus filhos desemparados e presenciando o estado lamentável em que ela se encontrava, me veio um remorso muito grande de tê-los abandonado.

Verdadeiramente acreditei, naquele momento, que o alcoolismo é uma doença terrível, e que como doente ela precisava de ajuda. Devido à atração, à paixão e ao amor que havíamos construído durante uma década, eu teria de ser responsável para ajudá-la.

Assim o fiz, em nome do amor por meus filhos, em nome do amor que sentia por ela, voltei pra casa e passei a conviver pelos próximos 5 anos com os problemas ocasionados pela doença do alcoolismo.

Muitas vezes, saía para trabalhar e levar nossos filhos para a escola e quando retornava para o almoço, ela estava embriagada e não havia feito nada. Algumas vezes, se encontrava desmaiada por conta da bebida alcoólica. Saía para trabalhar à tarde e quando retornava por volta de 21:00 horas, meus filhos estavam sozinhos, e eu perguntava "onde está sua mãe" e eles me diziam que ela havia saído desde cedo. Saía procurando por ela nos bares mais próximos, algumas vezes encontrava ela bebendo junto com outras pessoas, outras vezes ela estava adormecida sobre as mesas. Por felicidade quando eu chegava, chamava para levá-la para casa, ela não discutia. Ao chegar em casa, eu dava banho nela e a deitava na cama e ia agasalhar meus filhos. Algumas vezes, quando ia dormir, ela olhava para mim e dizia: não durma não, se você dormir eu vou lhe matar. Eu respondia: "Você só consegue matar a você mesma". Eu nunca senti medo que ela me fizesse qualquer mal.

Esta experiência de vida durou até o dia 29 de novembro de 2005. Neste dia, cheguei em casa às 12:00 horas, ela não havia bebido, nós almoçamos e eu fui descansar um pouco. Às 14:00 horas eu levantei e me aprontei para sair para o trabalho, e quando vou saindo, vi que ela estava deitada no chão da varanda com a netinha dela de um ano, filha da filha dela do primeiro casamento, sentada em cima dela. As nossas quatro crianças já haviam saído para o reforço escolar e falei para ela que eu já estava saindo para trabalhar. Ao descer a escada, achei estranho ela não ter respondido, voltei e quando falei novamente e olhei e vi que ela estava imóvel, tirei a criança de cima dela e constatei que ela estava morta.

Venho informar a todos que, como ser humano durante todos estes anos, eu senti muita raiva, tivemos muitas brigas e discussões, mas com muito amor e perseverança sabia que precisava ajudá-la.

Depois disso, tive que criar meus quatro filhos sozinho. Minha filha mais velha ia fazer doze anos e o mais novo, sete anos. Hoje já estão todos criados e bem estruturados. As três filhas casadas e eu com 7 netos.

Tenho o respeito e o reconhecimento de todos os filhos e familiares da minha família e da família dela.

Hoje, na minha melhor idade, estou desfrutando da felicidade de estar sendo cuidado pelos meus filhos em todos os sentidos.

Um grande abraço

AFF.

DEPOIMENTO DE UMA MÃE

Além das pedras, meu aprendizado

Sempre gostei muito de crianças, mas quando meu médico disse que eu correria risco de vida numa gravidez, fui buscar terapia para saber se realmente eu gostaria de ser mãe.

Minha conclusão foi que sim, era meu desejo ser mãe! Na época, eu e meu marido nos inscrevemos no fórum pertencente ao nosso bairro, passamos por todas as entrevistas e testes, recebemos em casa visita de assistente social, e o resultado foi: aptos para adoção!

Na época, nossa vontade foi por uma criança com o menor tempo de vida possível, para que pudéssemos preenchê-la com nosso amor e todas as condições necessárias para uma infância e desenvolvimento saudáveis. Minha convicção era que iríamos preencher ela de uma forma tão plena, que a família biológica não iria interferir no seu futuro.

Alguns meses depois, recebemos uma menina de 19 dias que, conforme aconselhados anteriormente pelos profissionais do fórum, não preparamos nenhum quarto. Tudo começou a ser feito com a chegada dela e o improviso contou com a ajuda de familiares e amigos. Em poucas horas era a "minha filha" e os cuidados seriam os mesmos, vindo da barriga ou do coração.

Um pouco antes de ela completar seus 4 anos, meu marido faleceu, após 1 ano e meio doente. Ela foi a força para que eu continuasse a minha jornada e foi a grande companheira nesse período difícil (emocional e financeiro).

Quando ela tinha +/- 12 anos, conheci meu marido atual. Na época, ela apresentava comportamentos que, do meu ponto de vista, eram de uma "adolescente rebelde". Bem difíceis de lidar e totalmente desconhecidos por mim. Seguem alguns exemplos:

- Enfrentamentos constantes.
- Reclamações da escola sobre maus comportamentos e notas baixas.
- Sumiços de sexta-feira e retornos no domingo, muitas vezes com contusões.
- Saídas às escondidas de madrugada, só retornando quando ainda dormíamos.
- E ainda muitas brigas, gritos, bate bocas...

Nessa época, eu me olhava no espelho e perguntava: "O que eu fiz para merecer isso?" E pensava que o erro foi meu ou foi a morte do meu marido ou foram os mimos que a avó sempre dava ou...

Na ocasião da adoção, soubemos que os pais biológicos eram usuários de drogas, mas eu pensava: "Isso não a afetará! Nosso amor preencherá qualquer falta".

Aos 16 anos, optamos por sua 1ª internação, para preservar a sua vida, que ela colocava em risco diariamente. Foi então que eu e meu atual marido conhecemos grupos de apoio para familiares de dependentes químicos. A partir desse momento, iniciamos o aprendizado para lidar com o problema ou o "Desafio" como gosto de chamar. E o aprendizado foi e continua sendo longo, diário e enriquecedor.

Eu fui uma adolescente cheia de preconceitos, ficava longe de qualquer um que referia o uso de drogas. Nunca encarei como uma doença, mas sim como a sociedade encara: defeito moral, falta de caráter, não para porque não quer, e assim vai.

Nesse momento, tive de enfrentar minhas intolerâncias, aprender a não facilitar as coisas para minha filha, dizer não quando necessário, definir limites...

Aprendi como sair da minha bolha e perceber o ponto de vista de outros. Aguardar o pedido de ajuda ou até mesmo a solicitação de minha presença para posteriormente atuar.

Após 8 anos participando de um grupo de apoio específico, a alguns voluntários nos juntamos para fundar um novo movimento (Amor Consciente) e manter essa ajuda às pessoas que não sabem mais o que fazer ou como ajudar seus familiares que se tornaram escravos das drogas. E o melhor é que podem participar pessoas do local que se encontram, pois, nossos encontros são *on-line*. Basta ter o *link*, se conectar no horário e falar português.

Quando comentamos sobre nossos "Desafios" de forma aberta com a sociedade, as pessoas opinam sobre soluções variadas:

- A culpa é sua, não soube dar limites à sua filha.
- Você deixa sua filha te fazer de gato e sapato!
- Uma bela surra resolveria isso, mas você não tem coragem.
- Ai se fosse minha filha! Entrava na linha rapidinho!

Em cada encontro de acolhida (primeira vez com quem convive com um usuário de substâncias), comentamos que o único lugar em que podemos falar abertamente de nossos problemas, e não seremos julgados, é em grupo de apoio. Lá podemos nos abrir em nossas dificuldades, colocar nossos sentimentos, e percebermos que nosso usuário de substância é apenas um "Desafio" que o Poder Superior nos enviou para que sejamos pessoas melhores.

Hoje digo que, apesar de todas as dificuldades que tive com minha filha, sei lidar muito melhor com as dificuldades que possam aparecer, nas várias áreas da minha vida: trabalho, amigos, família, etc...

Quando ela foi internada a primeira vez, não havia finalizado o ensino fundamental, pois chegou na 8ª série ou 9º ano, e se afundou no vício e não conseguiu concluir. Após várias internações, que até perdi as contas (+/- 10), ela finalizou o ensino médio. Há 1 ano e meio iniciou sua vida profissional, tendo alguns contratos de trabalho que duraram no máximo, até o final do período de experiência (3 meses). Hoje, aos 27 anos, ela está pela primeira vez em um emprego que conseguiu finalizar o período de experiência e continua contratada.

Cada dia é um desafio, tanto para ela como para meu marido atual e eu. Temos certeza de todo o seu potencial e, por isso, cobramos constantemente novas metas e novos desafios, assim que ela alcança os previamente conquistados.

Apesar de doentes, não podemos passar a mão na cabeça de nossos "Desafios", precisamos ter sempre em mente que eles são pessoas capazes, têm todas as condições físicas e intelectuais para seguirem seu caminho e se tornarem pessoas autônomas e produtivas.

E aqui manifesto toda minha gratidão ao Poder Superior por ter me presenteado com a filha maravilhosa que estamos juntos descobrindo, livre de vícios, com a melhora nas nossas relações diariamente.

GTP.

DEPOIMENTO DE UMA FILHA

Uma história de paciência, coragem e, sobretudo, de muito amor

Sempre que a vida me convida a refletir ou falar sobre a luta da minha mãe contra o vício das drogas, me recordo de uma jornada que ficou para trás há 14 anos e, que apesar disso, nunca foi fácil. Assim como as boas experiências são necessárias na vida, aquelas mais difíceis e que deixam marcas profundas também nos deixam muitas lições valiosas.

E são essas lições que gostaria de compartilhar com aqueles que, de alguma forma, passam ou já passaram por essa batalha. Aqueles que imaginam que o sofrimento não irá passar e não conseguem enxergar mecanismos para ver qualquer "lado positivo" dessa experiência.

Pode não parecer de imediato, mas **situações como essas são capazes de nos ensinar muito sobre amor, paciência e coragem.** E foram através desses sentimentos que tirei algumas lições aprendidas.

Enquanto filha, muitas vezes, precisei aprender na prática (ainda que não tivesse idade ou maturidade para isso na época) o papel da paciência e do apoio através do amor nos momentos mais adversos possíveis.

E veja, é importante ressaltar que **o amor e a paciência não significam aceitar tudo de forma incondicional. Eles se traduzem, principalmente, na importância de praticarmos diariamente o respeito por aquele que está**

no campo de batalha, e de termos a clareza de que ninguém passa por um processo de recuperação do dia para a noite.

O processo de recuperação, que exige paciência e amor da família envolvida, passa principalmente pelo reconhecimento e aceitação do vício pelo dependente para que ele possa enxergar a necessidade de buscar um tratamento eficaz. E, no meu ponto de vista, **aceitar um vício é também lutar contra a vergonha e vulnerabilidade relacionada ao estado em que aquela pessoa se enxerga e se projeta para si e para a sociedade.**

Por isso, para que eu tivesse as mínimas condições de apoiar minha mãe durante esse processo, sem amor, paciência e coragem nada disso seria possível.

Para exemplificar esses sentimentos durante essa experiência com minha mãe, destaco algumas situações:

1. Através de um **olhar amoroso**, fui capaz de perceber o quanto ela se esforçava genuinamente em melhorar por ela e por nós, sua família.
2. Através de um episódio de **amor exigente**, minha avó deixou claro a ela que só seria possível alcançar uma vida frutífera através da recuperação. E que isso envolveria duras renúncias, mas que toda sua família estaria ali para ajudar durante todo o tempo, desde que ela fizesse sua parte.
3. Mesmo nas adversidades, nos mantermos de **coração aberto** permitiu a chegada em nosso caminho de pessoas incríveis que nos apoiaram das mais diversas formas durante essa fase.

A paciência e a coragem foram capazes de me ensinar que para ter forças para se manter ativo nessa luta, também é preciso se cuidar e olhar para si, abraçar o amor-próprio.

Somente depois de entender isso e começar a olhar para mim para além da dependência química da minha mãe, eu pude sair da posição de fazer o papel que pertencia a ela em nossas relações familiares e pude me sentir à vontade para agir realmente como uma filha que, assim como ela, também precisava de cuidados, afinal, estava no fim da infância e início da adolescência.

Dessa forma, ao abraçar esse processo de autocuidado e amor-próprio, pude me fortalecer para proporcionar o amparo que minha mãe precisava.

Busquei terapia, mantive a prática recorrente de atividade física, me aprofundei na fé – que vai muito além da religião –, dentre várias outras questões. Não permiti me anular durante essa experiência.

Por isso, **não se esqueça que exercer diariamente o autocuidado por meio de ações amorosas conosco e com o próximo, também nos faz crescer e contribuir ainda mais** como filhos, pais, mães, irmãos, esposas e maridos...

Para você que está lidando com um ente nesta situação, **dentre todas essas lições, reforço o conceito do amor-exigente, pois ele dará ao outro a oportunidade de escolher a recuperação.**

Foi através dessa escolha, incentivada por vários atos de amor exigente, que minha mãe pôde vencer a sua luta contra as drogas:

"O amor com respeito, sem egoísmo, sem comodismo deve ser também um amor que orienta, educa e exige. Amo você, só não aceito o que você está fazendo de errado. Amar não é fazer tudo pelas pessoas ou dar-lhes tudo o que é possível. Amar é essencialmente dar condições para que saibam escolher o que é correto e bom para si próprio e para os outros."[1]

Dessa forma, encerro este relato também com algumas palavras de amor direcionadas a ela, a protagonista dessa história:

"Mãe, tenho muito orgulho de toda a sua luta e tudo que você enfrentou até chegar aqui. Você é um exemplo de coragem, força e determinação para mim. Por mais difícil que esse período tenha sido, quero que saiba que todas essas lições relatadas me transformam, diariamente, em uma filha e em um ser humano em busca de ser melhor a cada dia, pois me inspiro na sua vitória.

Te amo com todo meu coração."

Larissa, 26 anos.

---

[1] Federação de Amor Exigente (2023). *Princípios Básicos do Amor Exigente*. Recuperado em março 30, 2023. https://amorexigente.org.br/principios-basicos-amor-exigente/#:~:text=O%20amor%20com%20respeito%2C%20sem,tudo%20o%20que%20%C3%A9%20poss%C3%ADvel]

Anotações

Construindo ideias
e conectando mentes

Este livro foi composto com tipografia Bembo Std
e impresso em papel Pólen Soft 80g.
na Promove Artes Gráficas em setembro de 2023.